最美书系
ZUIMEI SHUXI

世界最美海岛

shijie Zuimei haidao

良卷文化　编著

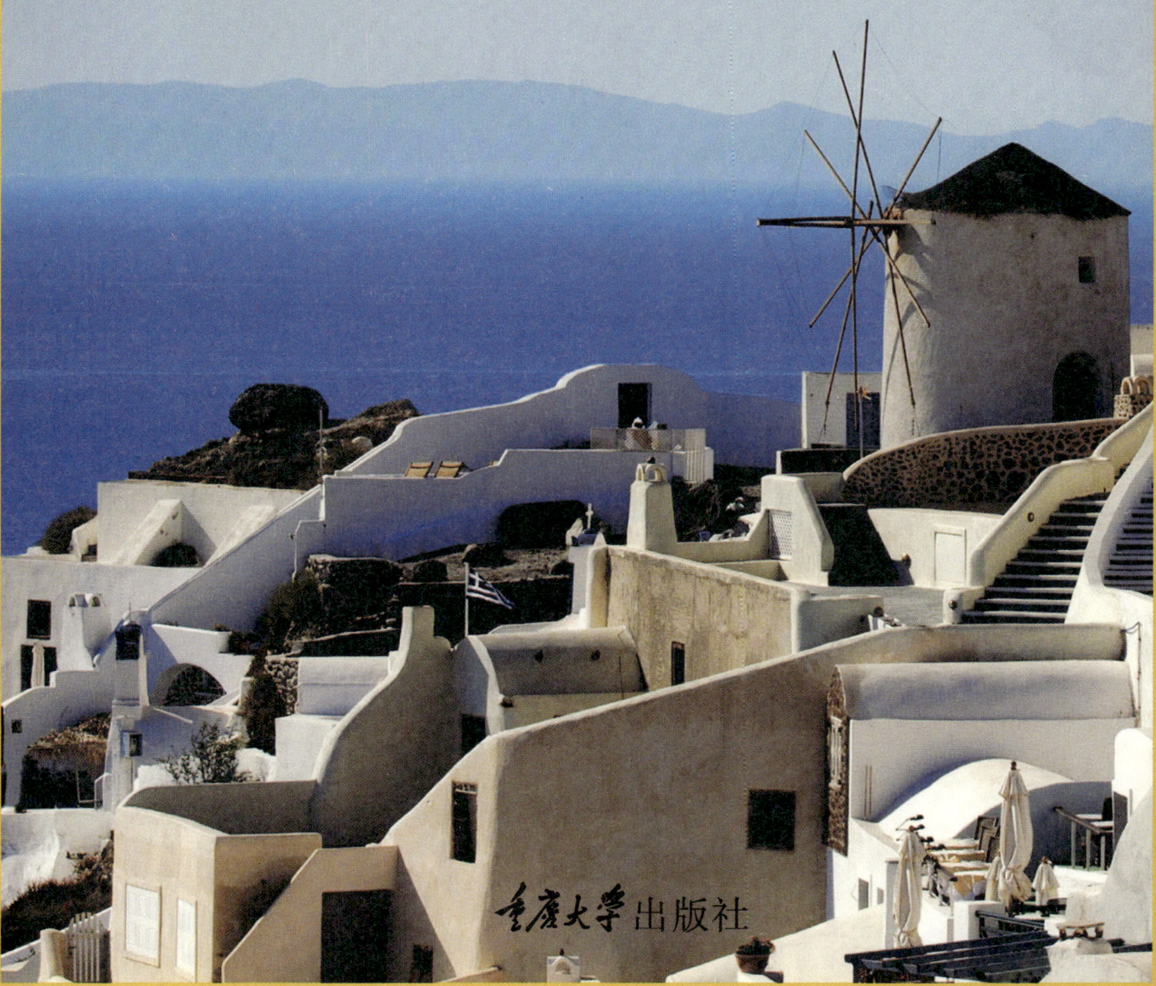

重庆大学出版社

内容提要

世界拥有众多浩瀚的蓝色海洋，一座座风光迤逦的海岛如繁星般洒落在海面上。它们多姿多彩，有的充满原生态，有的洒满了阳光，有的有着灿烂的人文风情。哪一处才是安放心灵的最美港湾？本书从欧洲、亚洲、非洲、美洲、大洋洲5大洲中精选了37座海岛，将各个海岛最具特点和最奇妙的一面呈现出来，让读者感受海岛之美。

图书在版编目（CIP）数据

世界最美海岛/良卷文化编著．—重庆：重庆大学出版社，2015.8

ISBN 978-7-5624-9103-3

Ⅰ．①世… Ⅱ．①良… Ⅲ．①岛—旅游指南—世界

Ⅳ．①K910.9

中国版本图书馆CIP数据核字（2015）第109233号

世界最美海岛

良卷文化 编著

责任编辑：范 莹 版式设计：范 莹

责任校对：谢 芳 责任印制：赵 晟

*

重庆大学出版社出版发行

出版人：邓晓益

社址：重庆市沙坪坝区大学城西路21号

邮编：401331

电话：(023) 88617190 88617185（中小学）

传真：(023) 88617186 88617166

网址：http://www.cqup.com.cn

邮箱：fxk@cqup.com.cn（营销中心）

全国新华书店经销

重庆长虹印务有限公司印刷

*

开本：787×1092 1/16 印张：16 字数：287千

2015年8月第1版 2015年8月第1次印刷

ISBN 978-7-5624-9103-3 定价：45.00元

本书如有任何印刷、装订等质量问题，本社负责调换

版权所有，请勿擅自翻印和用本书

制作各类出版物及配套用书，违者必究

邂逅最美海岛，
让心情和风景一样美好

Encounter the most beautiful islands,
Let the mood and scenery as wonderful

也许，每个人都会热切地盼望投入大海的怀抱，像一条鱼一样自由自在地徜徉其中，快乐地探寻着缤纷的海底世界。

世界拥有浩瀚的蓝色海洋，一座座风光迤逦的海岛如繁星洒落在海面上。它们多姿多彩、原生态，充满了热情、洒满了阳光，它勾起人们逃离繁华的都市生活，将一颗被羁绊已久的心解放出来，与之真情相拥。大千世界，何处才是安放心灵的最美港湾？

于是就有了这册《世界最美海岛》。本书从欧洲、亚洲、非洲、美洲、大洋洲五大洲中精选了37座海岛，将各个海岛最具特点和最奇妙的一面解剖出来，跃然纸上。“最美海岛”，美的不仅是海岛的一山一水、一草一木，也美在它的一城一村、一人一事。翻开本书，这里有最纯净的碧海蓝天，有细腻如粉的沙滩，有壮丽惊艳的神圣火山，有不染世俗的原村部落，有淳朴无华的民风，也有热闹非凡的节日庆典……每一个海岛都有它的相似之处，也各具美丽与特色。或许，你不需要刻意去感受，随心而去便能收获满眼美的享受，获得终生难忘的人生体验。如果劳烦的工作、琐碎的生活让你有些疲累，那么就拾起本书，让心先行出发吧。

此外，本书秉承美图配美文的原则，以呈现出最直观、生动、立体的海岛。阅读时，不仅能享受一场视觉的饕餮盛宴，也能让心情在一字一句间得到最惬意的舒展。

本书的作者为曹娟、刘睿欣、罗巨浪、王锐、李曦、张琛、肖庆、罗凯旋、沙晓云、殷娅玲、张跃媛、殷勤、廖秀茜、廖秀毅、周梁开、钟为文、周兴会、殷雪尘、杨素英、赵晓红、苏碧水、罗燕、曹晓琴、田词，本书的版式设计为邹胜利，图片由 Sh.k 图库提供。

目录 Contents

亚洲 Asia

非洲 Africa

亚洲 Asia

某一天，
不由自主地
向洒满阳光的地方
一路狂奔，
只为尽早与它温情相拥。

巴厘岛

在人间天堂，品味“巴厘岛式”生活

若每座海岛都是上苍倾力打造的人间天堂，那么拥有着广阔沙滩、迷人落日、丰茂稻田和热情洋溢的原住民的巴厘岛，一定是天堂中的世外桃源。巴厘岛坐落于印度洋上的爪哇岛东端，温和的雨季让这里芬芳似锦、繁花艳丽；独特的芳香 Spa 被这里的原住民们拿捏得游刃有余。

冲浪者乐于在这里乘风破浪，娴静者爱好在田间迎风想象，热情的岛民用独创的舞姿感恩生活，教徒虔诚地跪拜迎接圣水的泼洒……如果说上帝为自己创造了悠闲的花园之城，那么巴厘岛便一定是其中之一。

勇者的海滩 夕阳下的艺术家

这里的海宽广而汹涌，它能带来惊涛骇浪的冒险，也能让人感受到勇气的挑战。库塔海滩，这座闻名于巴厘岛的冲浪圣地似乎总能将人们的运动神经发掘而出，即便是不会冲浪也会忍不住冲向那阵阵扑面而来的海浪中。夏季是库塔海滩最好的冲浪季，这个时候的海滩，一改其他季节小家碧玉般的羞羞答答，变得越发热情如火，激昂的浪花甚至让想要晒日光浴的貌美女孩一刻也坐不住。在这里，最活跃的便是携带着冲浪板、在海面乘风破浪的勇士们，一个个挥动着手臂保持水上的平衡，扭动着灵活的腰间来避让袭来的浪花，矫健的身姿驰骋在波涛汹涌的海平面，他们用意志征服着澎湃的风浪，用勇敢的信念描绘出了一道库塔海面上最值得尊敬的风景线。

与库塔海滩相反，努沙杜瓦海滩则是巴厘岛上最幽静的海滩。努沙杜瓦位于市区南部，

宽广而汹涌的大海，是踏浪勇者的战场，正准备去征服追逐而来的惊涛骇浪。

这里没有嘈杂的人群，没有高声的吆喝，柔软的细沙与平静的海洋仿佛就属于自己。你可以端一杯现磨咖啡，在躺椅上静静品尝，也可以在棕榈的浓荫下静启书页，享受微醺海风中的私密时光……若觉得长时间的躺卧让人犯困，那么透亮的海水便是吸引人们下水享受的最佳理由，畅游在海里用手轻轻感受浅滩小鱼群的活力，躺在海面静静吸收阳光赐予的能量……

位于巴厘岛机场南面的金巴兰海滩，则以令人惊叹的落日奇观闻名于世。每到落日时分，这里便会上演一场从金黄到橙红的天色变换秀，余晖下的人们成为了一个个生动的剪影，清晰的轮廓与流畅的线条勾勒出了一幅幅动人画卷。此外，你还能在这里看到金巴兰人的古老习俗——在木头制成的传统渔船上出海打渔。每天清晨，金巴兰的岛民们便会撑起木排，在朝霞中出海，直到夕阳西下才会回归，而堆在木排上的海产，则是上天赐予他们的最好礼物。

寺庙与圣泉，巴厘岛的古老神圣

早在爪哇岛的夏连特拉王朝时期，佛教与印度教便开始传入巴厘岛，而巴厘岛的居民则以信奉印度教居多，并均在家里设有家庙，社区内也修建了社庙，甚至村子里也拥有村庙，“万庙之岛”的美称也因此得来。然而在这其中，最著名的当属布撒基寺，它位于阿拉贡火山的西南端，被称为巴厘岛上最神圣的寺庙，门前的阴阳门永远充当着驱散恶魔的作用，人们认为这堵墙能够将魔鬼挡在门外。神庙内层层叠叠的石雕让人眼花缭乱，它们将人物与故事讲述得绘声绘色，每一个动作与眼神都令人对历史中的巴厘岛浮想翩翩。60 座殿堂分别供奉着太阳神、海神与树神，这里是巴厘岛人心中的信仰，作为祭品的鲜花也让整个布撒基寺充满着浓浓的爱意。

除了布撒基寺，岛上的另一个神圣之地圣泉庙也拥有着数千年的历史，庙内布满黑色细沙的泉池中不断地涌出清亮的泉水，犹如黑色的花朵在这片池塘里尽情地绽放。流出泉池的水从 24 只雕刻成龙头形状的石口中流向下方的水池，而这里就正是朝圣者接水与沐浴的神圣池塘，传说圣泉庙的泉水包治百病，因此池塘口也总是排着长长的队伍，朝拜与净身便成为了圣泉庙的代名词。

秘境中的风俗享受

自古以来，花是巴厘人的最爱，他们不仅用花来装点这座岛屿，也能利用花创造出惊人的医疗效果。早在 13 世纪，聪明的巴厘人就开始使用天然的芳草来排除体内的毒素，已达到促进血液循环及美容的目的。如今，这种被称为“水疗”的方法已成为巴厘岛上独有的享受，

融入湖光山色中的寺庙，在明镜般的水上映出清晰的影子，庄严之中有一种自然的诗意美。

穿着鲜艳的民族服装的女子，正随着愉悦的旋律跳迎宾舞。

甚至有人说“若是没在巴厘岛上做过水疗Spa，那就不算真正到过巴厘岛”。安静的屋子里，在悠然的音乐声中静静睡去，独特的花香进入鼻腔刺激着每一根神经，在按摩师温柔的拿捏下，每一寸肌肤似乎都正在苏醒。

一个爱好花草的民族也就必定对生活充满了热爱，在巴厘岛，人们喜欢通过舞蹈来与人沟通。每当成群的游客来到岛上的村落，热情的岛民便会迎着满脸的微笑列队而出，他们穿着五彩的民族服装手舞足蹈地出现在人们面前，脚步规律地进退着，手掌的摇摆烘托着这片欢乐的氛围，时不时地还会将手中的小礼物发放到游客的手中，这便是巴厘岛人著名的“迎宾舞”，愉悦的旋律被一种叫作“甘美兰”的独特乐器流畅地演奏而出，他们用整齐欢腾的舞姿将心中对世间的感激娓娓道来，也很快将人的内心拉进了多彩的巴厘世界。除了著名的“迎宾舞”之外，这里还有展现人间善恶之争的“巴龙舞”，以及通过古印度史诗《罗摩衍那》故事改编的“凯卡克舞”也都被巴厘岛人演绎得有声有色，灵活的步伐与令人过目不忘的微笑在让这座岛屿散发着无限活力的同时，也温暖着每一位来访者的心。

如果说世界上真的存在天堂，那么海岛与密林交织的深处便一定是天堂的首都，若广阔的海景令人沉醉，那么乌布繁茂的树林则使这里再度升华。热带雨林般的密林让这里绿树成荫，甚至有着漫步森林的感觉，仿佛置身于一座绿色的天堂，伴随着清脆的鸟叫声，沿着林中小路朝那片刺眼的阳光缓缓前行，走出密林映入眼帘的则是一片广阔的梯状稻田，静谧的田园风光好像从未被打扰过，炊烟袅袅的木屋仿佛将人带入了一座世外桃源。

住宿

· Ossotel Legian Bali（巴厘岛奥索特尔酒店）

地址：Jalan Padma Utara,Bali。

酒店距离雷吉安海滩仅有数分钟的步行路程，设有一个 88 米的泻湖游泳池和一间餐厅。酒店各处都覆盖了免费无线网络连接。空调客房均设有一个私人露台和俯瞰着游泳池的阳台，配备了冰箱、室内保险箱和带 DVD 播放机的平面有线电视。

·Westin Resort Bali（巴厘岛威斯汀酒店）

地址：Kompleks,Btdc Lot 2,Po Box 36, Nusa Dua 80363,Bali。

酒店坐落于巴厘岛南部海岸的努沙杜瓦海滩，距离机场仅 10 公里。这里有优质的白色私人沙滩、清澈的海水和碧蓝的天空，是一处美丽的热带天堂。从饭店富丽堂皇的迎客大厅到充满民族特色的娱乐表演和特色菜肴，无一不体现出巴厘岛人热情友好的待客风格。

· Mulia Resort Nusa Dua Bali（巴厘岛穆丽雅度假村）

地址：Jalan Raya Nusa Dua Selatan, Kawasan Sawangan, Nusa Dua, Bali。

这是一家配备一应俱全的住宿设施的高档酒店，驱车可至库塔中心， 距离努莱拉国际机场也不算太远。可欣赏酒店郁郁葱葱的热带花园景色的客房，具有典雅的设计感同时也不失高档时尚之感。

从北京、上海、广州乘坐航班前往印度尼西亚首都雅加达，到达雅加达后再从当地转机前往巴厘岛。

交通

旅游 TIPS

1.7、8 月是巴厘岛一年中最好的时候。这两个月湿度比较低，太阳也不会过度炽热，海风吹起微微的凉意让人的身心都十分爽快。

2.外出购物时尽量少刷卡，东南亚信用卡盗刷现象很严重。

3. 在巴厘岛刷卡购物的话需要至少买 5 000 印尼盾的东西，再少一般不给刷。另外刷卡都会收 3% 左右的刷卡费。

4. 不要穿着短裤短裙进入寺庙。寺庙门口有供免费借用的沙龙和腰带，但应适当布施。

5. 最好随身携带防蚊液、清凉油、正红花油以及真空包装的酒精棉球等简易清创包扎物品。印度尼西亚的整体医疗条件比较差，如需要日常服药的话，最好将各种药品在国内一次性买齐带去。

龙目岛

在海滩与火山中，享受淳朴风情

龙目岛，自然与人文、时尚与淳朴碰撞出的灿烂花火。作为巴厘岛最亲近的姐妹，它有着更壮丽的山脉、更小资的海滩，也有更灿烂的落日、更质朴的民风……

龙目岛位于印度尼西亚小巽他群岛，“龙目”这个在当地被意为“红辣椒”的词语似乎正是这座岛屿最贴切的形容。火红的晚霞是那样迷人，玫红的珊瑚群摇摆得那样自如，遍布暗红岩石的火山挺拔得那样威武雄壮，田间鲜红的野花那样夺目……

赏夕阳美景 在夜幕下 BBQ

在龙目岛的诸多岛屿之中，总有那么一座与众不同。它既有华丽壮阔的落日奇景，又有别具一格的沙滩夜生活，它就是吉丽岛。

吉丽岛位于龙目岛西部，面积仅 0.93 平方公里，这里可以欣赏到最美丽的落日景观。如果天气晴朗，每到下午 5:40 左右，吉丽海滩上就会聚满前来观景的游客。随着太阳越来越靠近地平线，它的颜色也逐渐由金色变为了红色，越发微弱的光线也将云朵与天空映照得通红。随着时间一分一秒地过去，在火烧云笼罩下的夕阳，也静静地沉入了海平面，只留下一片淡金色的光芒，涂抹在波澜不惊的海面上，为满载海鲜而归的渔夫戴上了朦胧的金色斗篷。

天色逐渐暗了下来，原本波光粼粼的海面上，刺眼的光点越来越少。当最后一丝光亮消失在地平线，夜幕终于降临了。也许你会以为，龙目岛的一天已经划上了完美的句号，但实际上，夜生活的序幕，才刚刚拉开……

被火山石包围的林加尼火山，每年都会迎来数万人到此朝圣。

夜幕降临后的吉丽海滩，甚至比白天更加吸引人，这里并没有东南亚其他海岛的吵闹乐曲与疯狂蹦迪，只有细软的沙滩、轻柔的海风，以及一场迫不及待的海滩自助烧烤盛宴。摆好桌椅，将烧烤架平放在细滑的沙滩上，点燃架内的火焰，火红的光亮瞬间将四周照亮。选上一些喜爱的海味，将它们用细木棍穿起来，一边架在火上转着圈，一边喷洒着调味品，直到烤得焦黄的鱼皮飘来阵阵诱人的香味……一手捏着啤酒瓶，一手拿着刚出炉的烤海鱼，咬下一口，鲜嫩多汁，鱼油的香浓滋味瞬间满溢口腔……也许，这就是龙目岛的滋味吧！

雄壮火山 登顶凌云天地之间

龙目岛是一座由火山组成的岛屿，一座座高耸雄壮的山脉，不仅点缀着这片海洋中的翠绿天地，也为它增添着不少霸气与磅礴。

作为一座活火山，由深灰的岩石与暗红火山岩构成的林加尼火山位于龙目岛北部，海拔3 726米的高度也使其成为了印度尼西亚最高的山峰。沿着龙目岛北部葱郁树林中的崎岖小路缓缓攀登而上，道路两旁茂盛的野草，蜿蜒小道中遍地的野花，天空中盘旋的海鸥，都为这里披上了生机勃勃的外衣。拖着疲惫的身子到达林加尼的顶端，站在广阔的火山口平原边缘，眼前的景象便立刻让人目瞪口呆：巨大的火山湖倒映着朵朵白云，静静地躺在火山口之中，湖泊周围被一层层火山石所包围，稀疏的灌木丛点缀在火山石之中，为冷色调的山岩增添了一抹亮色。每天清晨，湖泊的水面还会腾起一阵轻纱似的白雾，如梦似幻……在当地人的传说中，林加尼火山是众神的居所，因此，每年都有数万人前来火山口的湖泊朝圣，朝圣者们在微热

的湖水中沐浴、祭祀，祈祷着生活的平安、幸福。

对于一个登山爱好者来说，欣赏日出是一项不可缺少的项目，可若想要在林加尼火山上观看一场日出，那就必须夜宿山顶，用最真诚的期待，去换取那最华丽的美景。清晨4:30，人们陆续走出帐篷，站在山顶上面向海洋的一方，端好相机等待这一壮观的时刻。很快，一丝红光从海天相交的地平线绽放而出，云朵的轮廓被渐渐明朗的光线勾勒出来。随后太阳缓缓升起，从红色逐渐变成了金黄，一片漆黑的天空就在短短10分钟内变得湛蓝无比。

村落田间 品味岛中淳朴风貌

日出与火山固然美丽，但总会让人感觉遥远而清冷，唯有龙目岛原住民的古朴风情，才会带给你红尘俗世的曼妙体验。

莎莎族村落位于林加尼山脚的东面，作为龙目岛原住民莎莎族的聚居地点，这里的一切依旧保留着传统的色彩。走进村落那用石头堆砌而成的大门，眼前便被那草作屋顶、木作房梁的老旧建筑所填满，上百座整齐排列的传统建筑忠实地还原着历史，并没有随着时间的流逝发生太多改变。顺着村中小道一路蜿蜒，妇女用传统纺织机纺着精美的衣物，孩子们相约在林中嬉笑打闹，而多情的莎莎女子则满脸微笑，跳着传统的“莎莎舞”，迎接着远道而来的客人……

走出村落，山间平谷的翠绿稻田立刻映入眼帘，宽广的田野被分成了大约500平方米的方块，一栋栋白墙红瓦的房屋安静地为这片翠绿田间点缀着明亮的色彩。由于气候炎热，一年收割2~3次的水稻总是让农夫们忙碌不堪，可他们脸上却总是带着微笑，在忙碌中收获着无尽的满足与喜悦。沿着山脚的方向前进，脚下一朵朵红艳艳的野花正随风摇摆，两旁山腰上那郁郁葱葱的树丛将这片翠绿的天地紧紧包围，如同一片淳朴的仙境，在这里，快乐似乎就是那么简单。

一块块方形稻田已插满了稻秧，在椰树、阳光的衬托下，显得格外自然清新。

· Vila Ombak Hotel（欧百克龙目别墅酒店）

地址：Gili Trawangan, 吉利群岛，龙目岛，印度尼西亚。

酒店提供优质贴心的服务和方便实用的设施，赢得了客人的普遍好评。酒店内能享受到儿童看护服务、礼宾接待服务、24小时客房服务、美发店、洗衣服务等一系列顶级设施。

· Kebun Villas & Resort（花园别墅度假村）

地址：Jl. Senggigi Raya Km. 8, 圣吉吉海滩—龙目岛，龙目岛，印度尼西亚。

酒店位于圣吉吉海滩，有着特定酒吧和餐厅，且设施齐全，服务周到。酒店的交通非常便利，旅客们可轻松前往市区内各大旅游、购物、餐饮地点。

· Ombak Sunset Hotel)（奥姆巴克日落酒店）

地址：Gili Trawangan Island, 吉利群岛，龙目岛，印度尼西亚。

酒店提供优质贴心的服务和方便实用的设施，赢得了客人的普遍好评。酒店内能享受到客房服务、餐厅、自行车出租服务、儿童看护服务、吸烟区等一系列顶级设施。

可以从北京、上海或广州乘飞机前往吉隆坡，再从吉隆坡飞往赛拉帕兰，塞拉帕兰每天有一个航班飞往雅加达。仅有两条国际航线：新加坡和吉隆坡。龙目岛主要的码头为兰巴尔，主要航线是巴厘岛—龙目岛。岛上有出租车，也可以租用汽车或者摩托车。

旅游 TIPS

1. 每个星期五中午 12:30 左右，龙目岛上的伊斯兰教徒都要去清真寺朝拜，所以每个周五大多数商户和政府办公室都关门半天，祈祷完毕再开门。

2. 龙目岛上的大多数海滩在夜幕降临后便会有人兜售大麻，大麻属于毒品，所以千万不要理睬。

3. 龙目岛华人较多，所以岛上也有一些华人开设的中餐厅，并经过了改良。Pelecing Kangkung 就是各大中餐厅内十分受欢迎的一道菜，使用米饭，和着当地的蔬菜拌咖喱、鱼酱等制成。

4. 在龙目岛中部的 Puyung 有一个传统手工编织村落，可以试穿及购买传统服装，也可以任意挑选由麻绳、藤条等编制而成的手工艺品。

长滩岛

充满冒险的浪漫之旅

赤道阳光的照射让人的影子总是被日光无限拉长，偏要让人与大海更加亲近，人们浪漫的小心思为这里的海滩带来安静和想象，热爱挑战的年轻人也在这里开始了他们无限的尖叫与冒险。

长滩岛，一个就连贝壳和珊瑚都美得让人感叹的地方。在这片水天相接的怀抱里，亲手捧起一把细软的白沙，亲眼看见小伙子充满幸福的求婚，亲自赶到蝙蝠洞穴和水中森林鼓起勇气一探究竟，亲身体验沙滩长廊夜生活的浮华……你会明白这里不仅只有歌曲里唱的“阳光，沙滩，海浪，老船长”，更是幸福与神秘的并存之地。

特色沙滩，浪漫的见证者

位于菲律宾中部的长滩岛，南北延伸，蜿蜒曲折，狭长的海滩总共有7公里，形状像电话筒，纤细柔美间充斥着无穷的美感。就在长滩岛上那7公里狭长的海滩中，存在着一段长长的白色沙滩带，这里的沙质细而滑，白里透亮得像是刚从牛奶中出浴的肌肤。想用手捧起，却滑得一粒沙也抓不住，想穿着鞋走进沙滩，竟不忍心让洁白的沙滩被踩上黑点。光着脚丫在沙滩上奔跑散步，好像脚底是一块块棉花糖，柔软，白净，走起来不过瘾，就用细沙将身子埋起来。四季炎热的赤道，沙滩却没有受到高温炙烤的影响，盖满全身反而清凉不少。

普卡海滩的贝壳是让游客难以忘怀的美物，早在20世纪七八十年代，普卡的贝壳就被选作优质的原料用来制作饰品。时隔几十年，如今走在普卡仍会觉得形色万千的贝壳就是上天赐予这片洁白海滩的礼物。将拾起的贝壳用手工串成项链、手链，对于所爱之人来说，就地

市场上售卖各种各样优质的贝壳、海鲜，不少游客喜欢挑选一些精致的贝壳回去，进行手工制作饰品。

取材的快乐足以串连成简简单单的幸福。

布拉伯海滩则更像是一位安静地守护长滩岛的使者，风平浪静是其常年的特色。行走在布拉伯海滩上，能想象到的最美画面便是听着温柔的风和浪，眼前出现的则是最温柔的人。浪漫，是海岛永恒的主题，眼前的普吉岛、巴厘岛、马尔代夫等已经相继成为了求婚蜜月圣地，这里虽然并没有让年轻人们如此疯狂，但却成就了如今这一番难得的宁静与和睦。日落的引力所带来的涨潮一浪又一浪地拍打着小腿，整个海滩由洁白的哈达变成了金色的绸缎，远方海面上的白云也因为夕阳的照耀变得流光溢彩，仿佛走进了一座黄金的殿堂。无论是在家人的陪伴还是爱人的拥抱下，看着地平线处的太阳，感受这黄金的时刻是多么的浪漫、幸福……

森林洞穴，冒险者的天堂

在长滩岛上布拉伯海滩的最南端，有一片死去的水下红树林，名为“水中森林”，虽说名为森林，树根却被埋在古老的旧鱼塘里。由于年代久远，地形已经被枯萎的老树、扭曲得奇形怪状的树干所代替，树枝千奇百怪地伸出了池塘水面。远看像是一幅年代久远的油画，但作为一片探险之地，并不是所有人都有勇气靠近这里一探究竟，这片“森林”的沉寂有别于平静的海滩，少了一份生机，多的却是一份望而却步甚至是死亡的气息。这里除了吸引探险家，摄影师也是被吸引的对象，死寂的森林，在镜头下或许就是一幅完美的艺术画卷。

世界上绝大多数蝙蝠都是白天栖息，夜间觅食，群体住在黑暗的洞穴内，这也让蝙蝠在人心中一直留着令人毛骨悚然的印象，电影里描绘的“吸血蝙蝠”也增加了人类对蝙蝠的恐惧。然而当地的另一处探险地“蝙蝠洞”则就在位于雅泊海滩的东北方向。由于洞口并不好找，想要到达洞口还需要经历一段崎岖小路，这也阻断了大多数人前往探秘的勇气，只有战到最后的才算是真正的勇士。幽暗潮湿得令人毛骨悚然的洞穴，却偏偏是蝙蝠最安逸的家，洞中上千只蝙蝠会从冒险者的头顶集体飞过，寻觅食物，双翼展开的蝙蝠可以达到四英尺，甚至有大果蝠翼展可达到一米以上，虽然大部分蝙蝠脾气都不太好，好在这里的蝙蝠以素食为主。

吃货福音，酒吧街区夜不眠

探险游玩的一天很快过去了，狭窄的沙滩长廊随着夜幕的降临瞬间转换成了一片巨大的露天酒吧，三三两两喝着啤酒的壮汉，拉开了长滩岛夜生活的序幕。沙滩上喝酒狂欢舞动的人们，热情地释放着自己的青春，肆无忌惮地享受这火辣的夜晚。而静静拨动着琴弦，传出阵阵发自内心声音的歌者，似乎也能听出他们心里的话，对生活，对爱情，是忧伤抑或充满希望……夜晚的海浪伴随着音乐和歌声，不禁想要闭上眼睛，躺在海边抱着酒瓶快乐地睡去，直到天亮。

D’Talipapa 是当地购买海鲜的不二之地。来到 Papa，面对眼花缭乱的海鲜市场与吆喝着的商贩们，讨价还价是必不可少的。购买好各种海鲜，Papa 的餐馆内便会为客人提供烹饪海鲜的价目表，价格一目了然，最重要的是，以这样的方式来食用自己喜欢的海味，比直接走进餐馆点食海鲜要划算很多。正是这样，Papa 海鲜市场一到傍晚便开始人潮涌动，讨价还价声盖过了整个市场。

D’Mall 是离 D’Talipapa 不远的中心商业街区。中心，是它在长滩岛的地位，而繁华，便是 D’Mall 在岛上不可替代的特色。D’Mall 除了商业购物以外，海鲜烧烤、西餐、中餐、连锁快餐更是应有尽有，别具一格的口味也绝不会输给任何记忆中的味道。这里能看见依依不舍的游客，认真地为朋友选择伴手礼，眼中的目光透出一丝留恋。街边的纹身店内总会端坐着几个不怕疼痛的健壮男人，留下的印记便让人永远难以忘怀在这座岛上的冒险。

一段不算长的路，D’Mall 却像整个长滩岛的映射，勇敢者能够找到属于自己的冒险，爱美的人也会让自己在人群中格外靓丽；一座不算大的岛，却融合了多彩的个性，感受过这里的一天，才会明白什么是生活。

住宿

长滩岛的酒店集中地点在白沙滩居多，有各种档次的住宿，观赏风景和出海活动都很方便。淡季时所有住宿费用都会降低20%~50%，而且不管什么时候去都别忘了讲价，多半会成功。

· Cocoon Condos in Alta Vista de Boracay（长滩岛阿兰达度假村）

地址：Malan, Aklan, Yapak。

位于一个80公顷的生态村之内，是长滩岛最大的公寓式酒店。酒店位于岛屿北部，还有无边泳池，可以在此欣赏周围的美景。

· Golden Phoenix Hotel（长滩岛金凤凰大酒店）

地址：Station 3, Barangay Manoc-Manoc Malay Aklan。

在Tailpapa海鲜市场附近，另外有一个开放式的出口，面朝大海，走几步就能到达白沙滩。

· Nandana Boracay Beach Hotel（长滩岛丹娜沙滩酒店）

地址：Station 1, Balabag, Boracay Island Malay。

位于长滩岛白色沙滩附近，加上其热带气氛，是体验豪华沙滩之旅的理想场所。酒店客房设有等离子电视机、网线、空调、小冰箱、保险箱等基本设施。

目前中国没有直飞菲律宾长滩岛的航班，路线均是从菲律宾首都马尼拉进行一次转机。航空公司选择有菲律宾航空、马尼拉航空、宿务航空、香港航空等，具体选择可按照行程时间而定。

三轮车 pedicab 或 tricycles 是本地最常见的交通工具，是在摩托车旁加挂座位，前座可乘二到三人，后座还可载一至二人。

交通

旅游 TIPS

1. “D’ Mall”是岛上最繁华的区域，各类食肆都聚集在这里，海鲜烧烤、西餐、自助餐、中餐、连锁快餐等应有尽有，还有各式酒吧与咖啡馆。

2. “D’ Talipapa”是当地传统的海鲜市场，可以在这里购买各类海鲜，再拿到餐馆付钱加工烹饪。（懒得走路可以乘坐机动三轮车，跟司机说去 Papa 就可以了，每人 10 比索）。

3. 傍晚乘坐无动力帆船出海看日落，一般一条船 600~800 比索，可坐 4~6 人。看日落用时 1 小时，要和船家约好时间。游客坐在船的网兜里，要做好衣服湿掉的准备。

4. 按摩行价 300~350 比索 / 小时，请先询问好价格和时间再做，一些酒店也提供良好的按摩服务（需预约），环境和手法都不错，但价格比沙滩上贵。

巴拉望岛

海上的伊甸园，纯净的处女地

旅行的意义，大抵是为了放松沉重的身心，远离都市的喧嚣，正如歌曲《旅行的意义》中所表达的，旅行就是一种对世俗的逃避。而位于菲律宾的南部海域，一座从未被人工开发的生态处女地，正不断地用它那遗世独立的风情，诠释着这个意义，它便是菲律宾的“最后一片净土”——巴拉望岛。

巴拉望岛，太平洋东岸的“海上乌托邦”，清纯、迷人，似乎连上苍都不愿过多打扰，风情万种的爱妮岛，古老神秘的天然洞穴，多姿多彩的蝴蝶与野兽……

爱妮岛，撩人情思的西班牙风情

从巴拉望最大的城市——公主港港口乘坐快艇，不到两小时便能抵达爱妮岛，爱妮岛面积约 960 平方公里，岛上覆盖着茂密的原始森林，从一踏上岛屿开始，密植的红树林就开始渲染出丛林的本色：清新的空气，微风中沙沙的声响，挺拔的树木，转瞬即逝的鸟兽……

爱妮岛的海滩洁白透亮，横向延伸得无边无际，松软的沙石让脚掌仿佛踩上了细滑的牛奶，洁白的流沙也瞬间将一个个脚印填满。而清澈的海水更是令人无法自拔，甚至一望便能数清鱼的数目，细小的螃蟹潜伏在海底的沙中，海星也趴在海底慢慢蠕动。畅游其中，轻轻抓起胆小的螃蟹，用手轻抚摇摆着的五彩鱼尾，在珊瑚的晃动下感受海洋的温柔，随着阳光的照射，让自己也成为这浅海生物中的一员……

作为西班牙曾经的殖民地，爱妮岛的小镇洋溢着浓厚的西班牙风情，穿着鲜艳服装的热

雅静的沙滩、幽深的洞穴、多姿多彩的海底世界，为人们提供了旅行的意义。

情居民，随处可见的欧式建筑和路灯……而最令人过目不忘的，则是那一座座天主教堂。洁白的外墙圣洁明亮，哪怕经过上百年的风吹雨打也不见有一丝尘埃。

夜晚的爱妮岛小镇灯火通明，酒吧亮起的明灯照亮了整片沙滩，海滩旁各国风情的餐厅也迎来了一天中最热闹的时刻，人们挑选着最新鲜的海产品，手舞足蹈地与老板讨价还价，烧烤架上飘来的阵阵香味也令人忍不住打开味蕾。酒吧的舞台上，人们端着吉他快乐地唱歌，沙滩上的年轻人也穿着休闲的服装，跟随着音乐的节拍放肆地扭动着身躯……随着一阵阵海浪声的拍打，白天宁静宜人的爱妮岛早已摇身变成了年轻人最爱的娱乐场所，这里总是让人无限的放松，无论何时都能感受到亲近自然的愉悦。

洞穴与蝙蝠，探秘古老秘境

就在巴拉望岛的南部，一座被称为“菲律宾文明摇篮”的人类遗址正散发着神秘古老的气息。塔博洞穴，这座记载着人类进化史的文明胜地如今已有 22 000 年的悠久历史，考古队员从这 29 个大小不一的洞穴中发掘出了上古族人群的化石、生活器具以及各种造器物件。跟随船只进入到怪石嶙峋的洞穴内，越往深处也越发深幽宁静，一块块钟乳石从洞顶延伸而下，湿漉漉的侧壁伴随着滴答的水滴声看着分外光滑……洞穴还原了最真实的历史，每踏一步就像在历史长廊中迈进，仿佛远古的人类正在一旁钻木取火，正利用石壁打磨着捕鱼的器具……像是在对远古进行一次探秘，也像是面对大自然的一次探险，直到来到洞穴另一端，广阔的海洋才会让人重见光明。

远古时代，长达 8 公里的圣保罗地下河曾是世界上最长的地下暗河，如今，暗河流经的巴拉望沙邦已经建起了一座生态公园，而公园最令人毛骨悚然的，就是那一群群黑暗中的生物——蝙蝠。划着船只来到生态公园的暗河洞口，一只只蝙蝠密密麻麻地悬挂在遍布钟乳石的峭壁顶部，当船越来越近，这些黑暗中的生物便会扑翅朝你而来，在就要相撞的那一瞬间灵巧地避开，成群地从头顶飞过。打开手电，你会发现它们都张着血盆大口，仿佛刚刚享用完血食，令人惊恐万分……

蝴蝶与野兽，点燃生命奇迹

绿树成荫的原始美貌让人在这里无限沉醉，然而就在这片貌美风光之中却深藏着令人无法想象的生物奇景。多姿的鱼群，古老的珊瑚，翩翩起舞的蝴蝶，甚至来自远方的巨大野兽……这座原始的岛屿是人类的天堂，更是动物们的极乐世界。

图巴塔哈群礁海洋公园位于巴拉望的公主港以东，这里有着东南亚最大的珊瑚群水域，长期的自然保护让这里拥有着最原始的海洋生态，巨大的珊瑚化石旖旎在海底的礁石旁，而活泼的鱼群也畅游在那没有山地障碍的海洋中。浑身散发着荧光的热带小鱼群围绕着早已成为化石的巨大珊瑚嬉戏畅游；连绵成群的珊瑚化石随波纹闪耀着光鲜亮丽的色彩，仿佛依旧

蝴蝶双双附在“花帘”上，像一对正在认真工作的“情侣”。

摇曳着那五彩斑斓的身姿，使人不禁想要靠近触摸……

海中的精灵固然美丽，陆地上的精灵也毫不逊色。蝴蝶园位于公主港港口旁，大约 1 000 平方米的园区被繁盛的花丛与树木覆盖，路旁装饰着形态各异的人造山丘，有的长满青苔，有的则环绕着一股股清澈的溪流，原本由玻璃覆盖的顶棚也被一片片人工装点的树叶遮挡得严严实实，星星点点的阳光洒落下来，荡起一片浅浅的温柔。这里拥有着全东南亚上百种蝴蝶，翅膀橙红的“大红侠”，满身翠绿的“罗兰”……它们总是在不经意间飞到身边，桃心形，花瓣状，红枫叶……翅膀上色彩形状各异的图案让人眼花缭乱。

宽广的巴拉望不仅吸引着鱼群与蝴蝶，就连大型野生动物也将这里视为了最舒适的家园。1977 年，肯尼亚的干旱气候与战争危机对当地野生动物造成了极大的影响，因此大量动物被运送到了巴拉望北端，面积约 37 平方公里的卡劳伊岛。如今，这座面积不大的岛屿已成为了动物王国，无论是近海湿润的海床，还是岛中茂盛的山林，甚至就连山下深幽的谷地，都充满着动物们的欢吟。海草形成的海床中，海牛在其中肆意地享受着阳光，慵懒地打着哈欠；鼠鹿一蹦一跳，胆怯又好奇地朝着轰轰前行的皮卡车走走停停；豹猫在草丛中安静地繁衍着后代，温柔地抚摸着幼崽的每一寸肌肤；甚至还有小熊猫在草堆里圆润地转着一圈又一圈……这是大自然的赏赐，让处于危机边缘的野生动物们找到了属于自己的天堂。

住宿

· Blue Lagoon Inn & Suites（蓝色泻湖酒店及套房）

地址：Rizal Avenue Interior, 普林塞萨港，普林塞萨港，菲律宾。

蓝色泻湖酒店及套房酒店的一流设施和优质服务会让客人的入住变得更加愉快。酒店有吸烟区、保险箱、货币兑换、无线网络、酒吧，旨在为客人提供最大的舒适度。

· Aziza Paradise Hotel（阿齐扎天堂酒店）

地址：BM Road, Brgy. San Manuel, 普林塞萨港，普林塞萨港，菲律宾。

在这家舒适的普林塞萨港酒店中享受尊贵的服务与设施。酒店客人可享受一些列服务：咖啡店、无线网络、洗衣服务、无障碍设施、电梯。共有 125 间房间可供客人选择，全都给人以安静典雅的感觉。

· Sunlight Guest Hotel（阳光宾馆）

地址：Malvar Street, Barangay Tagumpay, 普林塞萨港，普林塞萨港，菲律宾。

阳光宾馆的一流设施和优质服务会让客人的入住变得更加愉快。酒店拥有一系列特色服务，例如：会议设施、洗衣服务、酒吧、旅游服务、停车场。

交通

在北京或上海等大城市乘坐飞机飞往菲律宾首都马尼拉，转机飞往巴拉望岛。而三轮车、摩托车、巴士以及吉普车则是巴拉望岛上的主要交通工具。邻近的海岛则需要通过前往码头乘坐快艇到达。

旅游TIPS

1. 公主港的西餐厅“KALUI”是当地唯一一家米其林级别的餐厅，若要在享受美景的同时品尝最顶级西餐海鲜，那就一定要来此地尝试一番。

2. 菲律宾的各种顶级家具驰名全球，而在巴拉望岛上街道两旁众多的家居市场内，却能用更便宜的价格买到。此外，蛇皮及鳄鱼皮制品、古董及贝壳工艺品等都很精美，值得挑选。

3. 公主港的 NCCC Mall 是当地最好的商场，一楼是超市，二楼售卖衣服。那里可以买到 Lee 和 Levi’s的牛仔裤，公主港的价格比马尼拉的便宜，最便宜的款式 700 索比就能买到。

4. 若决定要前往巴拉望的地下河公园游览，就需要提前向酒店提出并且预约，预约时需要出示护照证明。

5. 由于菲律宾人有宰客的习惯，因此在巴拉望的海鲜市场购买海鲜时一定要向老板大幅度砍价，否则价格会高很多。

薄荷岛

山与海的邂逅，自然与人文的相逢

在菲律宾本土语中，薄荷岛被称为“Bool”，16世纪西班牙人将它改名为“Bohol”后，这个名字就陪伴海岛度过了五百多年。“Bohol”的中文译名为“保和岛”，但遗憾的是，这个名字并没有诠释出海岛应有的美丽，因此对一些追求艺术气息的人来说，他们更愿意用薄荷这种带点清新、带点文艺范儿的草本植物的名称来称呼它。

自从地理大发现以来，薄荷岛就不再是单纯的地域名词，也不再是一方纯粹的天蓝海蓝，这个有山有海的浪漫之地，开始羞涩地在世人眼前显露风情：清纯的碧海与沙滩、落差约3 000尺的海底悬崖、奇特圆润的巧克力山、小巧可爱的眼镜猴、沧桑古老的欧式教堂……

海岛与沙滩调和的蔚蓝体验

薄荷岛是菲律宾的第十大岛，距离宿雾岛大约70公里。在海岛旅游业蓬勃发展的当今，薄荷岛很难得地没有像巴厘岛、普吉岛、苏梅岛一样成为趋之若鹜的目标，它始终都小心地隐藏着自己的宁静，尽管它有着与马尔代夫比肩的清澈海水，与诗巴丹媲美的潜水体验……

沙滩与海岛是薄荷岛永远的主题，阿罗娜海滩的白沙就是最动听的序曲。阿罗娜海滩位于薄荷岛西南角的邦劳岛，茂密的棕榈树掩映着这片由珊瑚礁形成的白色沙滩，仿佛在守护着一个永恒的秘密。这里没有喧嚣的水上摩托艇和滑翔伞，三三两两的游人或闭着眼做日光浴，或安静地堆着沙雕，或躺在吊床上昏昏欲睡，只有精力旺盛的孩子才会在海水里肆无忌惮地嬉戏。连海豚也分外留恋这里的安静时光，如果起得够早，就能在刚刚洒满霞光的海面上看到它们矫捷的倩影。

太阳光突破厚厚的云层放出光芒，将薄荷岛的沙滩染成金黄，这个时候，什么都不必做，只需静静地坐在沙滩上欣赏就已很好。

由 1268 座圆锥形小山丘组成的巧克力山，每到旱季就会褪去绿色的外衣，变成土褐色，电影《哈利·波特》系列曾在这片风光迤逦的小山丘中取景。

处女岛有着最神奇的泻湖景观，潮起潮落让这座无人岛每天大部分时间都淹没在海水中，只在退潮后的两个钟头，才会露出长达数百米的月牙形沙滩，犹如处女的眉。随后，清澈透亮的海水开始上涨，浅浅的海面折射出极富动感的粼粼波光，层次分明。

如果想要潜水，那么巴里卡萨岛则是最好的去处。这座珊瑚小岛距离薄荷岛有45分钟航程，乘着快艇破浪前行，近处是清清爽爽的白，远处是深深浅浅的蓝。巴里卡萨岛的外形就像一枚美丽的扇贝，一圈浅浅的海床围绕着海岛，而几十米外就是3000尺落差的巴里卡萨大断层。潜入水中，浅海处水清波明，海螺、海龟、海星，各种各样的鱼儿，色彩斑斓的珊瑚共同为寂静的海底世界增添了勃勃生机，而断层外的深海呈现出墨黑色，正等待着资深潜水者一探究竟。

情迷巧克力山，与眼镜猴嬉戏

上百万年的地质运动造就了薄荷岛起伏曲折的地理曲线，而巧克力山则是其中最美的一段。巧克力山位于卡门镇附近的原始森林，由1 268座圆锥形的小山丘组成，高度在40~120米，是电影《哈利·波特》系列的取景地。每到旱季，山丘上的植被会褪去绿色的外衣，纷纷接近巧克力色的土褐色，巧克力山的名字由此而来。巧克力山的来历颇有一些传奇色彩，传说古代有一位巨人爱上了一位美丽的姑娘，可是不久后姑娘生病去世了，巨人悲痛欲绝，流下了一颗颗硕大的眼泪，最终化成了巧克力山。欣赏巧克力山的最佳地点是在卡门镇游览中心的观景山顶，可以360° 全方位欣赏这一奇特而迤逦的景色。

薄荷岛腹地广袤的热带雨林，也孕育了珍稀动物种类。在罗博河畔的眼镜猴游客中心，你就能欣赏到这种全世界体型最小的猴子。游客中心并不大，大约只有七八棵树，每棵树上都有几只眼镜猴，也许翻开某片叶子，就能看见正在酣睡的它们。眼镜猴是菲律宾的国宝，大约有4500万年的历史，体型娇小，不比成人的巴掌大。它们生就一双巨大的眼睛，据说眼睛比脑袋还要重，科幻电影中的外星人ET，就是以眼镜猴为原型。特殊的体型使得它们的生活习性也与近亲们大不相同，它们不爱跳跃，终日利用脚趾的吸盘静静地缠在树枝上，睡眼惺忪，憨态可掬。

教堂，南洋岛屿上的欧式风情

对于喜欢怀旧的人来说，不一定要去名胜古迹，也不一定要去古城古镇，在薄荷岛，你

看上去不大而且有些破败的教堂就是西班牙人在菲律宾修建的第一座天主教堂。

同样能够体会到这种古老的悸动。薄荷岛上的小镇很多，大多还保留着几十年前的风格，挂满编织品的古旧木屋，斑斓的花朵，浓密的树荫……但如果红尘中的烟尘斗乱不能勾起你的怀旧情绪，那么你应该去巴克拉洋教堂看看。

巴克拉洋教堂位于距离薄荷岛塔比拉兰市 6 公里外的乡村，是西班牙人在菲律宾修建的第一座天主教教堂，至今已有三百多年的历史。走进教堂，就仿佛进入了一个宁静脱俗的时空，褐红色的屋顶，浮泛在墙壁上的黑色印记，角落里的绿色苔藓见证着时光荏苒。温暖的海风让教堂内有些微潮湿，古老的祭台、壁画；恢宏的圣母生子雕像虽然历经沧桑，却依然肃穆。教堂的通道内竖立着圣经人物的塑像，经常会有信徒在这里放上一捧小花，为教堂带来丝丝生机。踏着老旧的木制阶梯可以抵达二楼，这里存放着很多数百年前的宗教物品，它们穿过重重时光，把过去的故事带到现在。

暮色渐渐西沉，巧克力山为绯色天空勾勒出起伏的剪影，风中传来毛茉莉的幽香。海边酒吧的霓虹与海滩上的烟火开始热恋，鼻腔里尽是海味的鲜香……然而喧嚣终有结束，当耳畔只剩下浪花的轻语，薄荷岛的一天又在教堂低沉的晚钟中画上了休止符……这就是这座南太平洋小岛最平凡的一天，与它有邂逅，也有离别，或许多年后当你偶然回想起这山林和海洋的味道，才会发现这并不只是一个梦。

住宿

· **Bohol Beach Club**

地址：B.Bolod，Panglao Island，Bohol，Philippines。

简称 BBC，是一座位于阿罗娜海滩的度假村，周围椰林环绕。度假村有海景房、园景房和游泳池景房几种房间，大多数房间比较简单，通常只有床和衣柜，使用钥匙而不是房卡。

· **Lost Horizon Resort Annex（世外桃源度假村）**

地址：Barangay Danao, Panglao Island。

酒店距离阿罗娜海滩 400 米，虽然不临海，但是离海滩也不远，可以从小路穿过 LOST HORIOZN 总店后门进出。度假村的卫生做得很好，空调是三星牌的，有阳台，性价比较高。

· **Panglao Regents Park（庞拉奥摄政公园）**

地址：Alona Beach, Tawala。

酒店位于阿罗娜海滩，距离塔比拉兰市和塔比拉兰机场有 35 分钟车程。酒店内的客房均配有有线电视、保险箱、迷你冰箱和电话，部分客房设有私人阳台和平面电视。度假村提供按摩、洗衣和客房服务，还可帮助客人安排观光旅行。 此外，酒店的餐厅设有酒吧，供应本地和欧洲美食。

中国没有直接前往薄荷岛的飞机，必须先飞往菲律宾马尼拉国际机场，在这之后可以转机前往宿雾机场，在宿雾码头乘坐快船前往薄荷岛的塔比拉兰码头。也可以从马尼拉国际机场直接飞往塔比拉兰机场，但考虑到台风等因素，建议选择前一种交通方式。

薄荷岛的主要交通工具为 Jeepney 和 Tricycle，功能类似于小巴车和出租车，前者 8 比索 / 人，后者起价 30 比索，按路段长短添加费用。

交通

旅游 TIPS

1. 在塔比拉兰的 Island City Mal 大型购物集市的负一层有两个换钱处，其中面对电梯的那个可以兑换旧版美元，而面对收银台则不行。

2. 出行建议带一条大方巾，可以防晒，可以铺在沙滩上睡觉等。

3. 海边的 LOST HORIZON 素食炒面餐厅很不错，价格为 110 比索，适合吃素菜的朋友。

4. 从塔比拉兰打车到阿罗娜海滩为 400 比索。

5. 到巴里卡萨岛，包船一天 1 500 比索，租浮潜装备 50 比索。

6. 到巧克力山所在的薄荷岛腹地玩耍可以包车，价格一般在 2 000 比索左右。

7. 罗博河游船的价格为 400 比索，船上可以吃自助餐、看民俗表演等。

杜马盖地

可以与鲸鲨共舞，也可以体验科学之秘

在人们的印象中，海岛似乎总是代表着海水与沙滩，椰子与树林……如果你想感受不一样的海岛气息，那么就来杜马盖地吧。

杜马盖地位于菲律宾中部，属于维萨亚群岛中的一员。在这里，你可以潜水，与人为伴的不仅是艳丽的珊瑚礁，还有巨大的鲸鲨；在这里，你可以在海底一瞥只有海面上才能看见的汹涌海浪；在这里，你可以走进大学校园和博物馆，享受学术的轻风，感受知识的奥秘……

潜水，独一无二的刺激体验

与多数岛屿一样，从外表看，杜马盖地拥有着一望无际的辽阔海洋，然而只有深入到水下，才能发觉这片海域的真正壮阔与神奇。

鲸鲨是一种不容易在浅海看到的动物，由于身形的巨大与成群结队的习性，或许只有深海才能容下它们的身姿。道因是杜马盖地的一个潜水胜地，鲸鲨总爱在这片海域出没。傍晚时分正是鲸鲨出没最频繁的时间，你可以乘坐潜水机构的快艇或螃蟹船前往离岸边 1 公里的赏鲸点。戴好齐全的潜水装备，纵深跃入海底后，很快，一群身长 5~10 米的巨大鲸鲨就会被吸引过来。没有深海大白鲨的凶恶残忍，鲸鲨们缓慢地拍打着鱼鳍，却灵活地摇摆着巨大的身姿；也没有热带小鱼那样的敏感，就算用手轻轻拍打那光滑的背脊，它们也依旧毫无反应地继续慢慢游动……

杜马盖地的海下似乎是一个神奇的世界，拥有着其他海岛没有的鲸鲨，也有着难得一见的水下波浪。APO 岛是位于杜马盖地北面锡基霍尔附近的一座小岛，清澈的水质让人忍不住

身型巨大的鲸鲨常常在傍晚时分成群结队而出，它们不但没有大白鲨的凶残，反而有些“敦厚”，基本上不会伤到人。

立刻想要下海探寻海底美景，这里不仅有缤纷的鱼群与珊瑚，水下波浪景观更值得一看。由于 APO 岛的岸上均为陡峭的山脉，因此每到海面起风的时候，拍打在山脉上的水花便会迅速被反弹回来，然后在不到 1 米的水下呈现出清晰的纹路。与海面的浪花不同，虽然并没有波涛汹涌的气势，但看似轻柔的波纹却有着强大的力量，也更加清澈。

在大学和博物馆追忆青春年华

有人说，杜马盖地是众多海岛中最有学问的，因为这里有西利曼大学。1901 年由清教徒建立的西利曼大学，是一所位于杜马盖地南部的老牌著名学府。走进这座占地约 50 亩的校园，12 座白色的清教式建筑便展现在眼前，这些不到 10 层的洁白建筑便是大学内所划分的 12 个专业的独立教学楼，它们都是包括教育学、人文科学、工程学、法学等在内的热门专业。教学楼中间便是绿树成荫的草坪，学生们坐在草坪上，或认真阅读厚厚的书本，或与同伴讨论说笑，仿佛早已沉浸在了这座知识乐园。

继续前行，一排木柱建成的回廊向前延伸，走廊旁的门紧紧关着，有的是学生实验室，有的则是教师的办公间，木柱与石壁的搭配也让这里增添了几分古香古色。随着叮叮的下课声，一群群朝气蓬勃的学生从道路尽头一旁的图书馆内抱着书本蜂拥而出，看着有说有笑、追赶打闹的学生们，似乎自己也回到了学生时代。

除了美丽整洁的大学校园，专业的学术博物馆也总是令人无比震撼。西利曼大学的人类学博物馆是菲律宾著名的人类学研究基地，博物馆面积不到 1 000 平方米，由深色木质结构搭建而成。踏入博物馆的那一刻，就仿佛进入了时光机，眼前最先展现的便是从猿人到现代的各个种族人类的骨架模型，在道路中被整齐地排成了一列，令人更直观地了解到了人类的进化过程。走过长廊便是历史馆，馆内墙上挂出的照片与文字，介绍着世界各个时代的社会运动，以及每一次巨大的社会演变与发明创新，旧报纸上的文字依旧清晰。走出历史馆，接着便是文物陈列厅，那些有着上千年历史的书卷、器具、服装等文物，都在玻璃舱内闪耀着不灭的光辉，它们在传递着知识的同时，也为人类社会的发展铺垫了坚厚的基石。

作为一座海岛大学，这里同样少不了与海洋相关的博物馆。鲸骨博物馆位于人类学博物馆旁边，面积不到 1 000 平方米，主要陈列馆为鲸馆和海豚展览厅。鲸馆内陈列着包括虎鲸、抹香鲸、须鲸在内的数十种鲸鱼骨架，最长的达到了 30 米，最短的也有 3 米，每一副骨架旁都有复原图和相关介绍资料。海豚展览厅的结构与鲸馆一样，同样陈列着数十种海豚的骨架和相关资料。漫步博物馆，就好像畅游在一片古老的海洋中，那些或巨大或聪明的海洋生物仿佛正从你面前游过……

逛繁华商业街 尽享实惠海鲜

若认为奇特的海底与充满知识与活力的校园就是杜马盖地的全部，那就大错特错了，繁华的商业氛围、繁忙的海鲜集市同样令人难忘。

罗宾森商场位于杜马盖地岛屿中心，距离机场约 20 分钟车程，这个两层楼的大型商场不仅是当地的最大商圈，也是岛中最繁华的地段。走进罗宾森，中心广场周围开满了世界各国风味的餐厅，不管是日式风味的寿司，还是来自墨西哥的地道肉卷，就算没有老板的吆喝，店铺门口也总是堆满了络绎不绝的人群。进入商场第一层，就会立刻被许多世界著名品牌所包围，一楼道路尽头的超市内更有不少当地的特产，香甜的芒果总是到访者的不二之选，不管是新鲜芒果干还是鲜榨的芒果汁，在这里都成为了游客们的最爱。来到二楼的打折服装区，这里的服装总是有着惊人的折扣，尤其是 Lee 牌的牛仔裤，2~3 折的便宜价格让店内总是人满为患……繁华的罗宾森在带给人们欢乐的同时，更让人感受了一把购物的满足感。

既然来到海岛，那就必然要尝尝海鲜了，杜马盖地的南部海滩便是当地最大的海鲜集市。海鲜集市长 200 米左右，放眼望去，道路两旁的摊位上都堆满了各式各样的鱼虾生鲜和贝壳，

有着厚厚嘴唇的苏眉鱼是这里最受欢迎的鱼类，光滑的鱼皮内包含着鲜嫩可口的肉质；青衣也当地人最喜欢的种类，它有着浓郁的海味，稍硬的肉质也加大了口感的嚼劲……挑选好后，将新鲜的海鱼交给集市旁餐馆的老板，再告诉其喜爱的口味与烹饪方法后，然后你需要做的，就是等待一顿丰盛的海鲜大餐了。

住宿

· Sea Dream Resorts（海梦度假村 ）

地址：Sea Dream Drive, Masaplod Sur, Negros Oriental, 道因，杜马盖地，菲律宾。

海梦度假村为商务和休闲旅游游客而设计，位于得天独厚的道因地区，是本市最受欢迎的酒店之一。离市中心仅有 18 公里，游客可以尽情领略市区内的迷人风景。

· Liquid Dumaguete

地址：KM12 Bulak Dauin, Dumaguete City 6217, Philippines。

Liquid 是个很僻静的度假村，老板是一对澳大利亚的小夫妻，草堆的屋顶十分有特色，四周环境清新安静，绿树环绕。房间明码标价，配套设施齐全，在这里居住的中国人偏多，可以结交到不少中国朋友。

· Dumaguete Springs Apartment

地址：Valencia Road,Lower Bagacay, 杜马盖地，菲律宾。

酒店提供优质贴心的服务和方便实用的设施，赢得了客人的普遍好评。酒店拥有一系列特色服务，例如：礼宾接待、无线网络、快速入住 / 退房登记、吸烟区、餐厅等。

首先从国内乘飞机前往菲律宾宿雾国际机场，再从宿雾乘车前往 Liloan Santander 码头，从 Liloan Santander 码头乘快船至 Sibulan，船程约 30 分钟，最后从 Sibulan 乘车至杜马盖地市，车程约 1 小时。岛上可租用摩托车及轿车，骑自行车在学校里兜风也是不错的选择。

交通

旅游 TIPS

1. 小费不应该只给导潜，因为，一次成功的潜水需要大家共同的努力。所以，可以离开前一次性放在潜店的小费箱 (tip box)。

2.Apo 岛上的潜水一般是安排一天三潜，9:00 出发，下午 4:00 回，杜马海域的风浪很大，因此要有心理准备。

3. 岛上的 Malatapay 镇每逢周三会举行市杂，这是附近地区居民的最大型交易场地，琳琅满目的货品包括牲畜、渔获、蔬菜水果、日用品、衣服及各种家居杂物。在市杂上更可品尝到正宗的菲律宾特色小吃，如腌生鱼和烤猪等。

4. 杜马盖地商场里的 Lee 牌牛仔装很便宜，T 恤新款 70~100 元人民币，牛仔裤打折后不到 500 元人民币。

苏梅岛

热情多姿的海岛，古朴浪漫的享受

它，曾经拒绝过好莱坞电影的选址；它，至今仍在抗拒着商业化的开发……它就是苏梅岛，一个泰国南部海域的世外桃源，一处宁静优雅的生态胜地。苏梅岛的开发史并不长，仅仅只有 20 多年，这让苏梅岛依然保留了一份原始风味，但更加可贵的是，苏梅岛却始终在拒绝着来自外界的重重商机，尽力保持着一份天然和远离喧嚣的自由。

没有繁华的喧嚣，没有世俗的尘埃，在这里，你可以尽情享受潜水的乐趣，感受派对的狂欢，聆听宗教的神秘，体验动物的奇妙……苏梅始终在安达曼的海平面上熠熠生辉，用绿树的环绕与洁白的沙滩亲近着世界。

踏上静谧绿洲 享受阳光海滩

苏梅的岛屿自然而静美，原始的风味总能吸引各地的人群，你大可以躺在沙滩上享受着日光的沐浴，也能在清透的海水中与鱼群畅游嬉戏，岸边总是少不了一间间异国餐厅与灯火通明的酒吧，疯狂的派对更让人回味无穷……多彩的活动与靓丽的风景，让人总能在苏梅岛的海滩留下一段完美的回忆。

拉迈海滩是苏梅岛最著名的海滩之一，由于对环境保护得当，这里的沙质洁白松软，细长延伸的海岸线依旧保留着一番自然的韵味。你可以悠闲地躺在阳光下，聆听着沙沙作响的树叶；可以和朋友跳进水里，迎着温柔的浪花打闹嬉戏；还可以和孩子们堆砌一座座形状各异的沙堡……夜幕降临，这里立即摇身一变成为了露天娱乐的最佳场所，无数酒吧在沙滩旁亮起了明灯，海滩上人们的衣着也从泳装摇身一变成为了休闲 T 恤、短裤。人们拿着啤酒瓶，

坐在沙滩上欣赏着酒吧里的乐曲，热情的服务生也忙碌地在沙滩上穿行。人们在酒精的作用下情绪高涨，随着阵阵有节奏的舞曲，在一片灯光照耀下的海滩上欢快地舞动着身姿，迎着海风，充满激情地唱着喜爱的歌曲。拉迈海滩的一天，人们无忧无虑，甩掉了劳累的工作与复杂的

欣赏苏梅岛的原始风情、自然静美，并不需要去太多地方，行一叶扁舟于清透的海水之上就能一览而尽。

泰国是宗教大国，佛教的影子几乎在任何地方都能看到。

人际，放松与享受成为了人们唯一的目的。

而拉迈海滩上的另一大著名景观“祖父母石”则不是随时能看见的，它们在海洋里相隔大约 100 米，每当退潮的时候才会缓缓露出生动的轮廓。之所以叫祖父母石，是因为从岸边远远望去，两块石头在海浪的拍打与冲刷下形成了与男女性生殖器官极为神似的外形，男性的刚烈与女性的柔美散发在石块之间，正是由于对各自性别魅力的崇尚，在岛上的居民心里，祖父母石也有着至高无上的地位。

当地著名的龟岛位于苏梅岛西北面，岛上西部的萨力沙滩，南面的查落邦道沙滩，以及赛旦沙滩，他们用洁白的海岸线与绿树成荫的风貌将整个龟岛勾勒得柔美无暇。楠园延伸到海中的细沙组成了一连串的小岛，也将龟岛的西北海岸一分为二，而这看似被分割的海域，也正是当地有名的潜水天堂。这里的海域清透明亮，没有一丝尘埃，就算在海面上，也能清晰地看见水里畅游的各类鱼群，纵身跃入深蓝的海洋，多彩斑斓的珊瑚礁石在海底唱着古老的歌谣，长相奇特的鱼群在身旁扭动着灵活的身姿，置身其中仿佛进入了《海底总动员》的世界……若是抵抗不住深海所带来的压力，那么来到岸边，平缓的海底倒映出热带鱼的身影，形色各异的珊瑚随着阳光摇摆着触须；伴随着阳光的照射，小心翼翼地从海底捧起海星，抓住横行霸道的小螃蟹，感受着明亮的阳光，沉浸在斑斓的大海。

从这圣洁庄严的千手观音像看，当地人对宗教的虔敬和信仰可见一斑。

苏梅岛似乎一年四季都不缺少活动，哪怕只是因为一轮圆月。在帕岸岛，这里有着每年令世界游客都欢呼雀跃的“满月派对”，正如其名，满月派对便是在月圆时分的“满月期间”，来自世界各地的游客们成群结队地前往帕岸岛，开展一场圆月之夜的“满月派对”。派对里，帕岸岛如同被施了魔法一般瞬间变成了一座露天大酒吧，与其说是昏天黑地，不如说是活力四射，人们全身涂满荧光颜料在满月下随着动感的电子乐热舞狂欢，欢唱着激情的曲调，用散发着夜光的身体吸引着每一个人，陌生人也都成为了一起舞动的朋友……在这里，没有烦恼，没有牵挂，皎洁的月光下，唯一能做的便是将那颗年轻的心彻底释放在这无忧无虑的帕岸岛。

传统古老的熏陶 现代时尚的碰撞

作为宗教大国，几乎在泰国任何地方都能看到佛教的影子，哪怕只是在一座小小的岛屿上。帕雅寺，这座苏梅岛上的地标性宗教建筑位于北海岸边的一座岛屿上，一条长长的台阶在红绿相间的色彩下将这尊金色的大佛与海滩紧密相连，金色的大佛面带着慈祥的微笑，高高伫立在台阶上的平台中央。走进寺院，栽种着茂盛植物的花园在无数青石雕塑物的衬托下变得分外别致，一只只龙凤般的神兽靠墙并列，紧紧守卫着这座神圣的殿堂。穿过花园，金碧辉煌的泰式宫殿便出现在眼前，各式各样的佛像随着步伐的临近出现在了身边，上百座佛像动作不同神态各异，它们将金碧辉煌的宫殿围绕了整整一圈。相传每个人第一感觉最好的那一尊佛，便能够保佑人的一生，不管是远方的游客还是当地的百姓，大家都高高地将香烛举过了头顶，或是闭着双眼在选中的佛像前虔诚地鞠着躬，祈求着生活的美好与内心的平静。

古色古香的苏梅让人沉醉，而一年一度现代感十足的人体彩绘节也总能让人一饱眼福。这个原本为了倡导对大自然环境保护的节日，如今也已成为了苏梅岛的旅游风向标。每年 3 月 26、27 日这两天，跟随着一群群年轻人的步伐来到苏梅岛中央的露天舞大台，随着音乐的节拍，看着一个个身材火辣的模特在浑身色彩的描绘下展示着苏梅的全貌，缤纷的海底，无边的蓝天，五彩的鱼群，茂密的树林……手拿树干，头上装点着繁花绿叶，已被颜料涂抹得看不清样貌的模特们却散发着一股股栩栩如生的自然之美，仿佛早已融入了大自然，成为了岛中美景的成员之一。

感受鳄鱼的温柔，深入蝴蝶的乐园

若岛上的美景是如此令人流连忘返，那么动物所带来的乐趣或许更能让人过目不忘。苏梅岛东北部，吸引着众多儿童前来参观的鳄鱼馆便坐落于此。鳄鱼博物馆内存放着数万年来，苏梅岛各个时期的鳄鱼骨架，可以清晰直观的看到鳄鱼的演变历程。当然，每天的下午 2:00 与 4:00 举行的鳄鱼表演，则更受孩子们喜爱。

表演场内，看着工作人员将脑袋靠近在鳄鱼的眼皮底下，将毫无防具的双手伸进鳄鱼张开的血盆大口，似乎凶猛的鳄鱼立刻就会朝驯兽师扑去，脑中总是幻想着一幕幕可怕的场景，怀着惊心动魄的心情直到看完整场精彩的表演。走出场馆，不妨壮起胆子在驯鳄师的引导下靠近池塘边的数十条大型鳄鱼，用手抚摸那坚硬的头颅，感受鳄鱼温柔的一面。

若凶猛的鳄鱼让人惊心动魄，那么欣赏优雅的蝴蝶正是舒缓神经的最好方法，进入苏梅岛西南角的蝴蝶园，微型山谷与清澈的溪流组成了蝴蝶美妙的栖息地，繁花的簇拥与绿叶的覆盖让人如临仙境，30 多个品种的蝴蝶从眼前翩翩飞过，上千种色彩也早已让人眼花缭乱。凑近散发着芳香的花瓣，美丽的蝴蝶们正一动不动地栖息在上，数量虽多，但翅膀上的图案各不相同，如同一幅幅多彩的微型画卷；随风晃动的细细触角仿佛正享受着这份满园春色的气息，带给人童话般的仙境享受。

住宿

·Conrad Koh Samui Resort and Spa（苏梅岛康莱德度假酒店及水疗中心）

地址：泰国素叻他尼 苏梅岛 49/8–9 Moo 4, Hillcrest Road。

在西面临海的康德拉苏梅岛，体验这里的奢华风范。酒店距离 Gulf of Thailand 只有几步路的距离，这里有着天堂般的白沙海滩和蔚蓝的海水，美丽的日落令人屏息凝神。

· Banyan Tree Samui （苏梅岛悦榕庄）

地址：泰国素叻他尼 苏梅岛 99/9 Moo 4,Maret,Koh Samui。

苏梅岛悦榕庄集所有热带度假酒店的顶级元素于一身，依拉迈海滩边的私人山坳，俯瞰深蓝海域的潮来汐往，每栋别墅均拥有超大无边泳池，以及屡获殊荣的悦榕 Spa。

· Melati Beach Resort & Spa Samui （苏梅岛美拉堤海滩度假村）

地址：泰国素叻他尼 苏梅岛 9/99 Moo 5, Bophut, Thongson Bay。

度假村坐落在苏梅岛一处僻静的海滩上，距离苏梅岛机场只有 15 分钟的车程。度假村提供机场接送服务和前往附近的 Chaweng 海滩的班车服务。

可从中国香港直飞苏梅岛，也可从中国内地直飞曼谷，再从曼谷乘坐飞机、轮船或火车前往苏梅岛。而在苏梅岛上共有五个大小不等的轮渡码头，分别开往周边岛屿，岛上的街边和有些酒店都有摩托车出租，200~300 泰铢 / 天，护照抵押即可。

交通

旅游 TIPS

1. 苏梅岛到龟岛坐船需要 2 个小时，每天有 6 趟船往返苏梅岛和龟岛，从波普海滩和湄楠海滩的码头发船，往返价格在 850 泰铢左右。从龟岛到苏梅岛，每天有两班，于早上 9:30 和下午 15:00 离开龟岛，到达苏梅岛的时间大概是上午 11:30 和下午 16:40。

2. 从帕干岛到龟岛坐船需 1 小时 15 分钟，船每天早上 8:30 和下午 13:00 从帕干岛的侗落拉离开，到达龟岛的时间约为 9:45 和 14:15，船费约为 450 泰铢。返程的船每天也有两趟，于早上 9:30 和下午 15:00 离开龟岛，到达帕干岛的时间约为 10:50 和 16:10，船费约为 350 泰铢。

3. 苏梅岛是全球考取潜水证书最容易的地方，大多数当地的潜水学校可以提供四天培训课程，之后可以拿到国际专业潜水认证机构的证书 PADI，课程一般包括了一天基本理论教学，一天装备教学和测试联系，两天的潜水动作教学。

4. 苏梅岛逛街、购物方便，由于环岛公路围绕着海岸线，由那通镇连接各海滩。这里只有购物市场和小型商店，与游客相关的生活日用品随处可买。主要商家营业时间从早上 11:00 到晚间 22:00 为止，查汶海滩的部分商店营业到 24:00。

甲米岛

在佛文化下惬意生活，在峭壁间挑战勇气

上帝似乎爱着这片海，毫不吝啬地将 30 颗明亮的珍珠一一撒向了海面，在这茫茫的安达曼海上形成了一道美丽的风景。这就是甲米岛，散落于泰国南部的耀眼明珠，透亮的水面柔和而平静，险峻的巨石却带来着无尽的探险，动静的对比，刚柔的结合，让这座岛屿魅力无穷。

呼吸着纯净的空气，踩踏着细滑的沙滩，甲米岛的风貌可远不止于此。这里有奇特的海岛景观，灿烂的人文风情，洗涤心灵的虎穴寺，惊险刺激的攀岩活动……

体验三岛相连的奇妙景观

甲米岛主要被分为“鸡岛”“波达岛”“管子岛”以及“莫岛”，涨潮时，4 座面积均不到 1 平方公里的小岛均独立海面，相互守望；但潮水退去以后，鸡岛、管子岛和莫岛三座岛屿之间的沙滩便会逐一露出。水位越低，雪白的沙路就会越明显，如同从海底缓缓漂浮而上的银丝带，贯穿了三座岛屿，这便是当地最著名的景象——“一线天”。每当过了清早的退潮时分，从甲米的渡口乘坐长尾船，十分钟就能到达鸡岛，之后的一整天便可以随意漫步这 3 座岛屿，踏在洁白的沙滩上，便如同行在广阔的海洋之中。

阳光微醺的上午，可以在鸡岛享受一次温暖的日光浴；管子岛则丛林密布，不妨踏着细沙，在阳光毒辣的午后，来到管子岛游玩，也许你能够在密林树梢之间，发现眼镜猴的小巧身影；夕阳西下，来到莫岛的海滩边，观赏一次壮观的日落，在红灿灿的晚霞与火烧云的映照下乘着小船回到甲米，刚好能为一天的游玩画上完美的句号。

“一线天”景观是甲米岛最大的特色，也正是因为这难得一见的场景，让其成为了电影《割

宗教是泰国人人生一大主题，在佛文化熏陶中成长起来的泰国人，和这佛祖一样拥有一颗宁静的内心。

喉岛》的主要拍摄地，电影中的女主角在岛上一边乘风破浪，一边骑马飞奔，或许也只有在这奇妙的一线天中，才能成就那位传奇的勇士吧。

寺庙与古城，灿烂的人文风情地

说起泰国，佛教似乎是永恒的主题，在这个国度的任何一个角落，都有着旺盛的香火，甲米岛也不例外。当你来到距甲米机场 8 公里左右的一片丛林，看到一座金色的佛像，远远屹立在茂密的树冠之上，那么虎穴寺已经不远了。

虎穴寺是一座大约 200 平方米的小庭院。寺庙的大门处，可以看见两只金色的铜铸老虎正张大嘴凶狠地咆哮着，或许这就是寺名的来历。走进寺庙，南洋风格的寺庙建筑立刻映入眼帘，它们被繁花碧草所掩映着，显得宁静而充满生机。手拄拐杖的释迦牟尼镀金佛像立在庭院当中，面带慈悲的微笑。穿过前院，迎来的便是一条通往山顶的陡坡，陡坡两旁摆放着一座座不到一米高的镀金佛像和佛塔，散发着耀眼的光芒。沿着台阶往上，终点是一个位于山顶的小洞穴，洞内有一座大约 3 米高的金色释迦牟尼像，两旁也列着较小的金佛，并摆放着一些佛教器具。信徒们一个接一个点上香烛，虔诚跪拜。从洞穴另一边出口走出，眼前便是高耸的悬崖，沿着悬崖间专门修筑的道路前行，可以到达一座广阔的庭院，庭院中矗立着三座高达 10 米的金色大佛，它们金光熠熠却又满眼慈悲，立在这岛屿之巅，守护着这里的一切。

佛文化熏陶下的泰国人有着一颗宁静的心，悠闲的慢生活令这座岛屿处处洋溢着慵懒的气质。在甲米东海沿岸的兰达岛古城，你就能感受到这种气质。

古城沿着海岸线的方向南北延伸，说是古城，但规模却不比一个小镇大，严格地说，古城只有一条街和一个码头。由于这里曾是中国明清时期的贸易集散地，因此如今街道两旁依旧保留着许多当时的旧建筑，绵延的红墙绿瓦让这里看上去颇有中国气息。一些六七十平方米大小的泰式小佛堂沿着街道矗立着，佛堂虽小，也依旧有不少前来参观上香的游客。随着脚步前行，街道两旁由咖啡色砖块搭建的小屋越来越密集，这些是当地人的住房，也是他们各自的商铺，大多房屋都装点着茂盛的花草，看上去生机勃勃，也颇有情调。

古城的生活缓慢而安逸，中午之前，街上的人零零散散，很多店铺也没有开门。直到下午，古城才仿佛苏醒过来，午后的阳光温暖微醺，人们或聚在一起玩牌，或慢悠悠地逛着市集，或一边在家门口洗淘着午餐的食材，一边聊着天。猫咪慵懒地躺在地上呼呼大睡，孩子们则三五成群地坐在屋外台阶上玩着游戏……在这里，时间像是被放慢了节拍，没有一丝压力。也许，坐在路旁的老咖啡店，摊开书本，悠闲地享受一个漫漫的午后，才是最正确的选择……

在攀岩与溶洞探险间挑战自我

除了宁静与悠闲，甲米岛也有激情燃烧的一面。悬崖上的刺激攀岩，岩洞中的神秘探险，都让人一次次地鼓起勇气，挑战自我。

位于甲米南部的 Railay 半岛和 Tonsai 半岛拥有着高耸的悬崖与陡峭的石壁，活跃的海底运动将它们隆起到了海面七十多米高，在常年的风化之下，岩石呈现出了层层分明的棱角——毫无疑问，这是最佳的天然攀岩场地。20 世纪 80 年代末，一位热爱攀岩运动的新西兰人来到甲米，发现这里的地形非常适合攀岩，于是便开设了一座攀岩学校，教授当地年轻人学习攀岩技术。如今，甲米岛的攀岩学校多达十余家，攀岩运动俨然成为了甲米岛最负盛名的运动。

晴朗的天气里，来此攀岩的年轻人总是络绎不绝。佩戴好保护绳索后，年轻人们先用力将绳索向崖顶的岩石扔去，绳端的钩子便会将上方的岩石牢牢勾住，在确定安全后，用手抓住岩石，再一步一步用力地向上攀登。踩滑的细沙和松动的石块从高空脱落，让人心惊胆战……

由于地质原因，甲米岛上的石灰岩溶洞随处可见，而位于甲米岛南部的双峰溶洞则堪称是其中最为著名的。双峰溶洞位于高越 100 米的双峰山底部，洞口如同凹陷的地穴一般，透露出阴森的气息，而另一端则是甲米的南部海滩。由于地下水长年累月地沿着岩石带流动，将岩石逐渐溶蚀，因此溶洞中地形陡峭崎岖，四周奇形怪状的岩石让人毛骨悚然，洞穴上方竖直而下的钟乳石也让人不得不弯着腰前行。除了石笋和钟乳石，石壁上甚至还有已被风化得看不清全貌的史前壁画，科考队也曾在这里发现过古代发洪水时被困在洞里的人骨残骸……

世界上不乏有挑战的运动，也不乏有挑战的人，然而要在这悬崖陡壁上下一番也着实需要极大的勇气。

住宿

· 奥南别墅度假村（Aonang Villa Resort）

地址：113, Muang, 奥南，甲米，泰国。

位于风景优美的奥南区，从奥南别墅度假村可俯瞰甲米，是享受美食、海滩、观光的绝佳选择。在这里，旅客们可轻松前往市区内各大旅游、购物、餐饮地点。

· Golden Beach Resort（金色沙滩度假酒店）

地址：254 Moo 2, Muang，奥南，甲米，泰国。

在这里，旅客们可轻松前往市区内各大旅游、购物、餐饮地点。酒店位于奥南，Railay Beach，帕南海滩的不远处，游客们在旅游观光时大可不必舍近求远。

· Railay Bay Resort & Spa（莱雷湾度假村）

地址：145 Moo 2, Ao Nang, Muang, 莱莉海滩，甲米，泰国。

莱雷湾度假村提供最优质的服务和最优良的设施，包括客房服务、餐厅、停车场、会议设施、儿童看护服务。

国内各大城市均可以乘飞机直达曼谷，在从曼谷搭乘航班直飞甲米。从机场到海边的度假区只要 15~20 分钟的车程。甲米内部交通便利，有很多 TukTuk 和小货车型的公共汽车，随时都能找到去各个地点的车，价钱公道，从奥南海滩去甲米镇约 40 泰铢，到附近其他的海滩约 20 泰铢。

交通

旅游 TIPS

1. 太便宜的接驳车不可搭乘，有些接驳车会刻意用低价揽客，不会直接载到目的地，而是先到旅行社，强迫你购买行程或订饭店，请千万要注意，最好事先与预订的酒店联系，酒店都会有专门负责接送的车辆。

2. 女士进入皇宫时不可穿短裙和无袖装，男士必须穿有领子的上装，不得穿拖鞋。

3. 肥皂花是甲米特有的手工艺品，匠人将整块肥皂雕刻出各种花的形状，随后上色，再将整朵肥皂花装入手工打造的彩绘盒中。这种甲米的特色物品能够在海边的市场以及老城古镇中买到。

4. 泰国车辆奉行靠左行驶原则，与国内相反。所以租车的话刚上路的时候会很不习惯，一定要慢慢开，先习惯方向及转弯方式，以免发生危险。

5. 在贴有退税标志的一般商店，累计购物满 5 000 泰铢或单张退税单购物金额满 2 000 泰铢时，持当日的购物收据及护照，可以到退税柜台办理。

象岛

探秘丛林深处，在大海中与象嬉戏

“如果世界上真有天堂，那里一定充满着欢乐与宁静，一定是块人类与动物愉快相处的宝地，而这座美好的人间仙境，一定就是象岛。”一位从象岛归来的旅行家在他的旅行著作中曾这样描述象岛。这座位于泰国东部300公里处的岛屿面积约430平方公里，广阔的土地拥有着海洋般肚量，让人类亲近着自然，感受着来自动物的乐趣。

象岛从不孤独，这里的大象能在海中嬉戏玩耍，璀璨的鱼群生活得自由又舒畅，茂盛的热带雨林带给人自然宁静的气息，而海滩上丰富的夜生活则让人纸醉金迷……象岛，就是如此多姿多彩，宛如一片愉快的圣地，一座欢乐的殿堂。

亲临美好的动物天地

象岛是一座安宁的天堂，大大小小的动物都能与人相处得和谐自在：你可以与大象在海浪中嬉戏，为它们洗澡擦身；也可以纵身跃入深蓝海洋，与鱼群结伴遨游……

象岛东部有一座名叫BanKwan的大象营，这是岛上唯一一个能让人与大象亲密接触的地方。营地共有几十头大象，都是从马戏团退休前来“养老”的，为了让它们的生活环境更加舒适，这座大象营便设立在象岛东部海边。走进营地，大象们的丰富生活立即进入眼帘：有的用鼻子卷着画笔，悠闲地在画架上完成着画作；有的用灵巧的长鼻从人手中接过一根根香蕉，独自品味，更多的则三三两两地在树下嬉戏打闹……每天在阳光最毒辣的午后，大象们就会来到浅海处，泡在清凉的海水中享受着日光浴。你可以跨上大象宽阔的背部，与它们扑浪嬉戏；也可以摩挲着它们粗糙的皮肤，为它们轻轻擦洗身躯，此时此刻，它们也会善意地朝你扬鼻哦！

依海而建的五颜六色的居民房，给人轻松愉悦的视觉感受。

陆地上有与人嬉戏的大象，那么海洋里又怎能少了与人共舞的鱼群呢？一直以来，珍珠滩都以透亮的海水文明，一眼便能见底的海水让这沿海一带都成为了浮潜者的天堂。戴好简易的“浮潜三宝”，迫不及待地朝海底扑去。一片五彩缤纷之中，听见动静的鱼群纷纷游了过来，黑白相间的神仙鱼挺立着高高的脊，红白花纹的小丑鱼好奇地鼓着双眼，一群群散发着蓝光的孔雀鱼也妖娆地摇摆着尾巴……五彩的珊瑚群随波纹舞动着细长的身躯，一切都是那样生动而美丽。

感受雨林的无限乐趣

俯览象岛，茂密的树林被洁白的沙滩包裹在岛屿中间，仿佛一颗巨大的翡翠镶嵌在一圈钻石之中。象岛全岛面积的 90% 都被森林覆盖，庞大的绿色生态系统不仅为岛屿提供着清新的氧气，也为人类带来了最原生态的丛林美景。

进入丛林后，原本热辣的阳光立刻偃旗息鼓，只有星星点点的光斑透过树枝的缝隙洒下来。巨大的沉香树和高大的橡胶树矗立在风中摇晃得沙沙作响，繁茂的枝叶似乎没有一丝缝隙留给阳光，在这片湿漉漉的土地里感受这份难得的幽静。大胆的长臂猿从树梢跳到了枝头，瘦小的绿色蜥蜴栖息在地面懒散地爬行，横斑翠鸟将翅膀打得扑扑作响，成群结队地穿过绿叶，在奇形怪状的树枝中穿梭前行，鸟叫与蛙鸣便是这段林中仙境的最佳配乐。

如果没有水的点缀，再繁茂的森林也会黯然失色。越往丛林深处前进，急促的水流声便会越来越清晰。象岛的森林中有不少瀑布，滩玛咏瀑布则是其中最著名的一个。滩玛咏瀑布是一个四阶的瀑布，跟随岩石重叠的道路走向不同的台面，每一层的宽大水池都能令人豁然开朗；空仆瀑布邻近空抛海滩，是个三阶的大型瀑布，它为本地居民源源不断地提供着水源，不妨在瀑布旁搭好帐篷露营，在水流声中寻找心灵的那片净土；空娜瀑布是象岛最高的瀑布，站在谷底，目睹着水流从谷间一泻而下的壮观景色，磅礴的气势会在那一刹那打动人心。

乐享海岛的悠闲生活

“萨瓦迪卡”（你好），这很有可能是你到象岛听见的第一句话。热情的岛民从不吝惜他们的微笑，并且总是很乐意带你在岛屿中闲逛。

位于象岛西部的邦宝渔村是当地捕鱼人居住的地方，海面上矗立着的数十座木屋便是这里的一大特色，商贩们在这些木屋内摆出了各种各样的工艺品，坐在门口大声叫卖着，草帽、渔具、编织拖鞋，还有那一条条满是泰国风情的丝巾……不妨坐上小船在这水上集市中穿梭，比划着与商贩们讨价还价。正午时分，人们满足地喝着解渴的椰汁，坐在船里悠然地逛着水上市场，躲避热辣的阳光；到了日落时分渔夫们满载而归。等候在岸边的成群的客人便蜂拥而上，认真挑选着最新鲜的海产，满怀期待地筹备着一顿丰盛的晚餐。

孤独海滩位于象岛西部，虽然名字中带有孤独二字，但它却与孤独毫不沾边——灯红酒绿的酒吧，疯狂享受的人们……夜夜笙歌的氛围让这里早已成为了象岛中夜生活代表之地。白天的海滩旁是一间间各具特色的餐厅，不论是西餐、中餐还是日本料理，在这里总能找到你的至爱，而就在夜幕降临的那一瞬间，餐厅外的明亮彩灯瞬间亮起，一声声充满节奏的动感音乐盖过了浪花的拍打声，换上了休闲的服装，满脸欢笑地捏着酒瓶坐在吧台上，看着一支支乐队的卖力演唱，身体也不由自主地扭动了起来。走出酒吧来到沙滩，眼前的人们享受着各自的乐趣，抱着吉他深情地唱歌，点着蜡烛温柔地看着海，随着音乐的节拍跳跃舞动，看着点点星光谈情说爱……一片片繁华构成了这座听似孤独的海滩，或许正是因为名字的孤独，上帝才令这里拥有了无限的热闹。

· Ramayana Koh Chang Resort & Spa（象岛罗摩衍那度假酒店及水疗中心）

地址：19/9 Moo 4,Trat, 孔抛海滩，象岛，泰国。

在这里，旅客们可轻松前往市区内各大旅游、购物、餐饮地点。从酒店到市内几大地标相当方便，例如，维曼水疗中心、热带水疗中心、AAR 温泉。

· Kacha Resort & Spa Koh Chang)（象岛卡查度假酒店及水疗中心）

地址：88/1 Moo 4, 白沙海滩，象岛，泰国。

离市中心仅 1 公里的路程，能确保游人快速方便地前往当地的旅游景点。酒店位于仙女温泉，皇家水疗中心，普理查德温泉按摩的不远处，游客们在旅游观光时大可不必舍近求远。

· (Chang Buri Resort & Spa)（象岛布里度假村水疗中心）

地址：99/9 Moo 4, 白沙海滩，象岛，泰国。

在这里，旅客们可轻松前往市区内各大旅游、购物、餐饮地点。由于靠近仙女温泉，皇家水疗中心，普理查德温泉按摩等景点，游客非常喜欢入住这家酒店。

飞抵曼谷，然后从曼谷机场附近的 Morchit Northern Bus Terminal 车站坐车去 LaemNgop 渡口再到象岛。另外，也有从曼谷起飞的直航航班。曼谷 EKKAMAI BUS STATION 有巴士直达 Trat 府，价格每人 200 泰铢。在象岛上有皮卡车的士，也可以选择自己租用摩托车，价格是每天 150~300 泰铢。

交通

旅游 TIPS

1. 进入象岛内的寺庙时要脱鞋、服装端庄整齐，不要穿着短衫、短裤进入。

2. 岛上的浮潜价格基本在 1 000 泰铢一个大人，小孩是免费的，这其中包括从你的酒店接送，提供所有器具，中午一顿午饭，可以说交了钱就不需要再准备什么钱了。

3. 在岛上可以选择租车，不过都是右舵车，且道路上下起伏，不熟悉驾驶或者胆量不够大的人不建议自驾。

4. 因为泰餐又酸又辣，很容易引起肠胃不适，并且嗓子上火发炎引起感冒，因此肠胃药和感冒药是必备的。

5. 岛上的蚊子是相当厉害的，防蚊水记得准备一些，最好带一盒清凉油，在头晕、不舒服时也可以抹在太阳穴上。

普吉岛

一洗身心疲惫，感受泰式慢生活

赤道烈日的炙烤下，泰国安达曼海域最南端的普吉岛，常年都伴随着滚滚热浪，街道边伫立着散乱的电线杆，烟尘斗乱的城市流露着慵懒的气息，就连猫咪也毫无顾忌，倒在街边呼呼大睡。来自太平洋的阵阵海浪，拍打着这座懒散的海岛，人们似乎都不愿醒来，安逸地享受阳光下的悠闲。

若是快节奏的城市生活令人喘不过气，那么就来到普吉岛，让自己身心来一次彻底的放松吧。聆听悠扬的海浪，潜入清澈的海水，享受正宗的按摩SPA，品尝丰盛的泰式大餐……普吉岛能够带来的愉悦大到无法想象，也许只需要一刹那，你就能爱上这座闲适的享乐天堂。

沙滩与小岛 心灵的栖息地

宽广的沙滩是普吉岛永远的主题，它用无穷的包容心容纳着每一位造访者，虽然没有斐济、帕劳的小家碧玉，却拥有着上帝为其量身定制的大气。

巴东海滩是普吉岛的第一大海滩，也是潜水与日光浴的天堂，从沙滩上一步步踩入海水中，温暖的海水很快便将身心融化。潜入巴东海，与可爱的鱼群来个亲密的接触，向摆动的珊瑚来次礼貌的握手，随着阳光的照射在水下翩翩起舞，如同小鱼一样欢快地畅游；沙滩上的人们尽情享受着日光的照射，三三两两地涂抹着橄榄油，顽皮地用沙子盖住同伴的身体；孩子们欢快地堆着沙堡，吊床里躺着睡觉打盹的人，缓缓地摇动在沙滩后方的树干间……人们乐在其中，闭着眼享受着这份来自巴东海滩的悠闲与舒心。

修建得宏伟壮丽的寺庙，它的目的是将福音传递给每一位有信仰的人。

比起辽阔的海滩，迷人的小岛似乎更容易让人沉醉其中。当地人说，若到普吉却不到皮皮岛，那则是旅行中最大的遗憾。登上皮皮岛，展现在眼前的便是当地那一阵阵忙碌的街景：在没有交通工具的小岛上，人们推着小车热情地帮游客运送着行李，街道两旁丰富的店面里始终人满为患，游客们讨价还价地选购着喜爱的物品，游人们抱着椰子一边喝着椰汁，一边畅谈着岛上的趣事。若是走累了，那就去体验一番纯正泰式 Spa 吧，精油的芳香很快会达到催眠的效果，在肌肉的阵阵舒缓中慢慢进入梦乡，醒来已是神清气爽，犹如一场未被唤醒的梦境，让人在这奇迹般的推拿按摩中久久不愿离去。充满激情的皮皮岛也拥有着丰富的夜生活，每到深夜，人们围坐在海滩旁喝酒聊天，看着当地著名的火把表演，听着舞台上传来的悠扬歌声，让舒缓的情绪随着酒精的作用沉醉其中。

老城与寺庙，温馨祥和的慢生活

普吉岛总是洋溢着一种特别的闲适与慵懒，若你来到普吉镇，一定会深以为然。作为老城区，这里的游客并不多，却也丝毫没有任何摇摇欲坠的空旷感，小镇上五颜六色建筑首先便能让人眼前一亮，它们都朝气蓬勃地挺立着色彩斑斓的身姿；屋檐下，满脸笑容的老板经营着自家的特色咖啡店，吆喝着请大家进屋歇歇脚；充满着普吉岛气息的饰品小店也迎接着进进出出的人。街道边的门口总能看见呼呼大睡的慵懒猫咪，坐在一旁的老人也不紧不慢地将一粒粒贝壳串成精美的项链……时间在这里好像放被慢了节拍，一片悠闲的景象从街头延续到了街尾。善良淳朴的普吉人那一声声平和的“萨瓦迪卡”，一个个真诚的微笑，让人将这座小镇的温暖铭记在了心间。

泰国是个佛教昌盛的国家，就连普吉岛上也少不了寺庙的影子。查龙寺是伫立在查龙湾旁当地最大的寺庙，这里没有昂贵的门票，没有想要为人们破财免灾的“高僧”，请好香烛走进查龙寺的大院，亲身感受这份旺盛的香火，再脱掉鞋小心翼翼地走入这座红砖白墙的宫殿。殿内并排存放的108尊金佛各具神色，站着卧着，瞪着笑着，始终透露着面善的佛像总能令人感到舒缓与平静，寺庙内的佛音不间断地播放着，随风传到查龙海滩，仿佛要将一切善良与慈悲都播撒在浮华人世间。

浓缩繁华的娱乐购物天堂

来到普吉，若是想感受繁盛的夜生活，便一定少不了幻多奇乐园。坐落于普吉卡拉玛海滩幻多奇乐园以最古老的村落形式打造出了华丽的演出剧院，加上商业街与繁华夜市的交融，让这里已成为了泰国夜生活重要标志。乐园内拥有着一切新奇的事物，舞台上的动物马戏团随着音乐的节拍欢乐地转着圈；一个个男扮女装的舞蹈秀也令人拍手叫好；街道广场上一支支烧烤架漫出香喷喷的烤肉气息让人再也无法控制味蕾的收缩，那么就来到人工湖上的巨型自助餐厅享受各国美食……如同一座和谐的“联合国”，欢乐的气息始终感染着整个乐园。

位于巴东海滩的江西冷购物中心，如今已是普吉岛上最大的购物天堂。从昂贵的奢侈品到当地的土特产，这里几乎能买到任何想要的东西。人们提着大包小包从店铺里进进出出，神采奕奕地与卖家比划着讲价；底楼的超市永远都是一番人头攒动的场景，大量的普吉特产总是在这里被热情的游客们追捧。人流涌动的中心广场在这一块块霓虹灯牌的照耀下格外繁华，广场上来自世界各地的美食餐馆几乎都排满了人……这里的人气始终高涨不减，就像泰国繁华的缩影，不断地吸引着世界各地游客的到访。

住宿

· Burasari Patong Resort Phuket （普吉岛布拉莎丽酒店）

地址18/110 Ruamjai Road, Patong, Kathu, Phuket 83150, Thailand。

普吉岛布拉莎丽酒店坐落在普吉岛著名的芭东海滩，从酒店步行至芭东海滩仅 50 米，酒店的花园犹如在熙攘喧闹的芭东海滩购物和夜生活区域中一片幽静的绿洲，是客人放松的理想下榻之地。

· Outrigger Laguna Phuket Beach Resort （普吉岛奥特瑞格拉古娜海滩度假酒店）

地址: 323 Moo 2 Srisoonthorn Road Cherngtalay。

围绕在一片茂密热带森林中的普吉岛奥特瑞格拉古娜海滩度假酒店临近海滩及宁静的湖泊，是您度假的最佳选择。客房配有电视、迷你吧以及保险箱，酒店还设有 spa 馆、室外游泳池、健身中心、商务中心以及会议设施，是您消磨休闲时光的最佳选择。

· Avista Hideaway Resort & Spa Phuket（普吉岛艾华迪世外桃源度假村及水疗中心）

地址：Muen Ngoen Road, Tri–trang, Kathu。

酒店内设施繁多，酒店 / 机场接送、儿童看护服务、无障碍设施、洗衣服务、停车场等都已配备。客房设计极其舒适，装饰优雅，此外还配备了众多便捷设施，部分客房还配有共用卫浴间、休息区、无线上网、按摩浴缸，可提供相连房等。

随着普吉岛成为热门旅游目的地，各大航空公司都提供了从中国内地以及香港出发的多条便捷航线。目前 15 个国内城市：上海、北京、杭州、成都、重庆、南京、广州、深圳、昆明、郑州、贵阳、南宁、汕头、太原、沈阳均可直飞普吉岛。

交通

旅游 TIPS

1.11 月到翌年 4 月是普吉岛旅游旺季，这段时间，海水平静，天气良好，降水少。5—10 月则是普吉旅游淡季，多台风和降水，但是食宿会变得便宜一些。

2. 普吉岛是在泰国享受泰式按摩的最佳地点之一，其按摩院和 Spa 一般能在一些热门旅游点和高级的普吉酒店内找到，不同的按摩场所都有不同的特色，有些装修别致，有些技法正宗，有些则采用高级按摩或 Spa 产品以达到更好的保健或美容功效，游客可以根据不同的需要进行选择。

3. 泰国人多为虔诚的佛教信徒，所以进入当地时有一些禁忌一定要遵守。

① 进入寺庙要脱鞋、不要穿着短衫、短裤进入。

② 女性避免碰触僧侣；招呼时，双手合掌。

③ 头为神圣部位，不随便摸别人的头。

④ 在公共场所，男女不可有太亲密举动。

热浪岛

在宁静的海岛，演绎红尘俗世

山脉的环绕让这里没有一丝风浪，张灯结彩的街道却又总是热闹非凡，穆斯林的虔诚令这里饱含慈悲，生命的奇迹也成为了最温暖的颂歌。动与静的交替让这里处处都是乐趣，而人与自然的结合才更永驻心间。这便是热浪岛，一座印度洋中安详宁静，带来心灵洗涤的海上秘境。

这座长 7 公里，宽 6 公里，位于马来西亚海岸 45 公里处的热浪岛，也是被公认的当地最美岛屿之一，原始的风光、宁静的海洋、热闹的街景，构成了一座令人难以忘怀的热浪岛。在这里你可以肆意地享受阳光，与沙滩上的海龟玩耍嬉戏；也可以静静地感受神圣的清真寺，游览热闹的唐人街，潜入透亮的海底世界……

感受永驻心间的幽静

热浪岛虽名为“热浪”，却并没有轩然的波涛，也没有轰鸣的渔船，有的只是数不清的清幽宁静。停泊岛，这座位于丁加奴海滩旁的纯美仙境，如同它的名字一般总能将人心停滞于此。这座小岛隶属于马来西亚东北的 Pulau Redang 国家海洋公园，海面下一片片青绿色的礁石群已将透亮的海水划分为了蓝绿两色，如同玛翡翠瑙与深蓝宝石碰撞而出的灿烂火花。背靠山地的环境让停泊岛的海域犹如镜面般平静，就连停泊在海面的小木船也没有丝毫晃动。一株株茂盛的蒲葵包围着海岛的四周，排着整齐队列的上百棵棕榈树也静静地挺立在洁白柔软的沙滩上。一座座休息亭伫立在浅海的水域之上，坐在亭边，用脚轻轻拍打宁静的海面，任由水里的小海龟探出头来好奇地张望……停泊岛就是这样一座大自然赐予的天堂，就像一张永不褪色的海岛画卷，让人心也在此永远沉淀、停留。

停泊岛的安静舒缓令人几乎想要停滞不前，而离丁加奴不到 10 公里的棉花岛，却又总能将人再度吸引。这座小岛长 2.5 公里，宽约 1 公里，阳光充足常年少雨的岛上，覆盖着浓密的热带雨林。走进这座茂密的丛林，芭蕉树与橡胶树瞬间将人包围起来，橡胶树干上那一个个口袋中甚至还保留着树木的精华。突然出现的眼镜猴总会呆萌地盯着游客手中的物品，转着圆鼓鼓的眼球似乎在想要怎样夺取；巨大的丛林蜥蜴缓慢地趴在与身体颜色相近的树梢，一不注意便会与其来个惊悚的对视；蟋蟀在地面灵活地跳着，一片片树叶就如同弹性的跳板……小心翼翼地漫步在这座郁郁葱葱的岛中丛林，如同步入了一座热带动物的天堂，跟随阳光照射的方向前进，在一声声划破晴空的鸟叫声中，伴随着阵阵海风，平静地享受这份不可多得的乐趣。

品味人文风光

Floating Mosque 位于丁加奴旁的一座小岛上，这座位于人工湖泊上，主要由水晶玻璃与玻璃钢打造而成的清真寺堪称马来西亚最华丽的清真寺之一。远远望去，洁白的外墙与蓝色的宝鼎将这座 2.146 平方米的宫殿紧紧包围，高高的灯塔也矗立在围墙之中。从连接岸边的小桥走进寺庙，一根根巨大的柱子让人觉得威武庄严，身旁的祷告室里满是虔诚跪拜在洁白大理石地板上的教徒，他们几乎趴在了地上，嘴唇微微默念着。离开祷告室，一间间电子学习阅览室展现在眼前，这里不仅保持着传统的礼拜，甚至加入了不少现代元素。夜晚到来，寺庙的白色外衣渐渐被荧光绿的灯光所取代，让人远远便能望见这座神圣的寺院。

在清真寺旁，一条新开辟出的小路很快便将人带到了瓜拉登嘉楼的唐人街。沿着一条青石板铺成的小道，便立刻将你带入了一座布满中式建筑与浓厚中国文化的繁华街道， 华丽的门前大牌坊上矗立着两条正在云端飞舞的巨龙，矫健的身姿似乎透露着如今中国的繁华昌盛；走进街道，两旁满是古香古色、白墙青瓦的中式建筑；走到中央的大庭院，看着眼前的巨大阁楼中唱戏人的精彩演出，听着两旁商人的一阵阵吆喝，即使不是节日，这里也总是张灯结彩，路旁树上高高挂起的灯笼散发着喜庆气氛，街道边为游客们随时准备的棋盘让人不禁想要与人博弈……夜晚亮起一片片闪耀的彩灯，时刻都如同传统庙会般充满乐趣，让人在异国他乡依旧不忘中华魅力。

马来西亚的建筑风格，充满强烈的当地特色。

触摸生命跃动的脉搏

一座岛屿若要足够吸引人，光靠热闹的街景与悠闲的沙滩是远远不够的，享受在热浪岛，透亮的海水里游动着多彩的鱼虾，珊瑚摇摆着顽皮的身姿，海滩上巨大海龟用力地产卵，破壳而出的小生命萌得如此暖心……正是这些多彩的生命装点着热浪岛，也让它更加迷人。

平安岛是位于热浪岛附近的 8 个小岛之一，如同一个巨大的水族馆，多样的海洋生物不断地引来潜水爱好者的步伐。微风下的海面波纹涌动，而看似并无特别之处的海面下却分布着超过 500 种的珊瑚礁群以及 1 300 多种热带鱼类。纵身跃下，周围瞬间被五彩的礁石所包围，各类长相奇异的鱼群都好奇地扑了过来，一只只海狼将浑身鼓得圆圆的，小丑鱼也灵巧地躲避着珊瑚的阻挡，窜上窜下的海马让人忍不住伸手挑逗，金黄的海星静静地蠕动在珊瑚石壁上……巨大的珊瑚石旁，蓝得发黑的海洞也引来了不少勇士的挑战，潜入洞中，周围变得异常寂静，甚至这是一个连动物们都害怕的境地，听着自己的阵阵呼吸，打开头罩灯，勇敢地在这座深不可测的蓝洞中前进。

海中的奇异生物总让人赞不绝口，而布满了产卵海龟的海滩则有着更加不同的乐趣。兰

布满美丽珊瑚的海底，色彩斑斓的鱼儿也爱光顾。

道阿邦海滩，位于马来西亚与丁加奴海滩之间，这里是世界公认的最适合海龟产卵的地点之一，每年的5—9月，上百只巨大的海龟便会从幽深的海中缓缓游上岸，最大的杨桃龟身长有2.5米，体重约375公斤。想要在这里一睹海龟产卵，便需要足够的耐心坐在海龟旁等候，无论海风如何吹动，也不管海浪拍打得多汹涌，海龟们都不紧不慢地趴在沙滩上，缓缓伸缩着头部，注视着身边一个个洁白的龟蛋。大多数龟蛋会在傍晚时分破壳，看着一只只手掌大小的小海龟懵懂地冲破重围，在夕阳的映照下摇摇晃晃地爬向海边……这里犹如一片新生命的抚育地，一个大自然创造的摇篮。为了保护这些小生命，政府在这里实行了禁猎政策，孵卵期间也会在沙滩上的各个角落播放一部部关于海龟成长的纪录片，珍惜这里的生命，也就是对兰道阿邦的最好回报。

>>> 热浪岛 >>>

住宿

· **Redang Paradise Resort（热浪岛天堂度假村）**

地址：GM41, Tempat Pasir Panjang Besar, 拉谷娜，热浪岛，马来西亚。

热浪岛天堂度假村酒店的一流设施和优质服务会让客人的入住变得更加愉快。

· **Redang Island Resort（热浪岛度假村）**

地址：Teluk Siang, 热浪岛机场，热浪岛，马来西亚。

在热浪岛度假村，一切都是为了营造宾至如归的氛围。为此，热浪岛度假村提供最优质的服务和最优良的设施。酒店拥有一系列特色服务，如洗衣服务、会议设施、客房服务等。

· **The Taaras Beach & Spa Resort（塔雅拉斯海滩及水疗度假）**

地址：Teluk Redang, 拉谷娜热浪岛，热浪岛，马来西亚。

酒店距离丁加奴外海 45 公里，靠近 30 处热门潜水地点，旅客们可享受热浪岛上独特的热带风情。绝佳的地点让旅客到许多自然游乐区极为方便。

交通

从北京，上海，广州等地乘飞机飞往马来西亚首都吉隆坡，再转机飞往登嘉楼机场，飞行时间是 1 小时，到达机场后买出租车票 (40 马币左右) 坐 1~1.5 小时车到达墨浪码头，再坐船 1 小时就可以到热浪岛了。

当地的出租车数量很多，乘坐出租车之前一般要讲好价钱和目的地。岛上交通方式多样，也可以选择租借摩托车。

旅游 TIPS

1. 热浪岛上度假村都是按套餐销售，很少可以单独预订房间。最贵的 Taaras 人均 2 000~5 000 元人民币一晚。其余价格都在 400~500 元人民币，运气好的话还能遇到打折。

2. 热浪岛上并无商场、便利店之类的设施，在当地居民的村子里有一些小商店，但是也难以到达而且种类并不齐全，建议上岛之前自己准备齐全，以免急用时不知所措。

3. 热浪岛属于海洋公园保护区，马来西亚政府明令禁止游客携带任何珊瑚、贝壳、鱼类等海洋生物离岛，否则会被予以严惩。

4. 岛上猴子、松鼠众多，离开房间时切记锁好门窗，阳台上不要摆放食物，以防这些不速之客的光临。

5. 热浪岛的酒店大多数房间有提供毛巾，但是都没有提供牙膏与牙刷，临行前一定要自己准备好。

兰卡威

在鹰的国度，体味海岛的多彩风情

也许是上帝在创造这座岛屿时，不小心打翻了手中的调色盘，让这里的一花一木，一海一山都染上了彩虹的色彩。兰卡威，点缀在马来西亚北部海域的彩色明珠，无时无刻不在向全世界展露着它斑斓的风情。

这里的每一处景观，似乎都有着让人留恋的理由：碰撞着丰富色彩海岛，浓密的热带雨林，惊险的天空之桥，展翅翱翔的巨鹰……丰富的景象让人眼花缭乱，离开时也总是如此依依不舍。

缤纷兰卡威，涂上彩虹的色泽

兰卡威是多彩的，在于色泽变幻的沙滩，在于生机勃勃的翠绿稻田，也在于五颜六色的民居屋顶……

珍南海滩位于兰卡威瓜镇的西南部，那里的黄金沙滩总是令人过目不忘。黄金沙滩的沙石多由破碎的岩石而构成，其内部主要元素为石英，因此在经过海洋的长期冲刷与风化下，沙滩呈现出了淡淡的浅黄色，而也正是因为这泛黄的沙石，才成就了落日时分的色彩变幻。每到夕阳西下之时，温柔的霞光便会洒向这片宽广的沙地，黄色的海滩在夕阳的映照下瞬间变成了一片金色的宝地，像被魔术师施法般，处处都散发着耀眼的金光。

沙质越白，沙滩越是受人喜爱，而又有谁想过，一片黑色的沙滩，竟也能让人感受到无穷的魅力。在兰卡威北部，漆黑的海岸线一望无际地向北延伸，这便是兰卡威著名的黑沙滩。远古时期的一次海底火山爆发后，黑色的海底泥层翻出了地面，在海水与海风的拍打风化下，熔岩与泥土逐渐沉淀，取而代之的则是绵绵不绝的黑沙。虽然是黑色，但这里的海滩依旧平

为了能够俯瞰神秘的岛屿，马来人便修建了这座凌驾于岛屿上空的天空之桥。

整光滑，广阔得摸不着边际，脱掉鞋子踩上几脚，脚掌立刻变成了黑色，奔跑着在海滩上打滚，浑身黑沙让人几乎像一个顽皮的小孩，享受着这份新奇的乐趣。

沿着兰卡威的海边公路缓缓前行，一片翠绿色的稻田便会慢慢映入眼帘，这里是当地著名的稻田博物馆，那一片片令眼球舒适的绿色总能瞬间将人吸引。踏入这片赏心悦目的绿色天堂，首先便能看到那一片片正在茁壮成长的水稻苗，迎着阳光它们似乎很想快快长高；踏在水中继续前行，一株株高大的水稻几乎将人掩盖，随风摆动着身躯，自信地迎接着丰收来临。当然，这座绿色的博物馆中，除了水稻还有各种新奇的瓜果，榴莲满身带刺地吊在树梢，红毛丹也用小小的身躯装扮着这片翠绿的仙境，伴随着鸡鸭的阵阵叫声，如同身在一座乡村大观园，清新的气息一阵阵地扑面而来。

既然有了恬静的乡村，那么就一定少不了一栋栋乡间小屋。从公路上远远望去，稻田旁那一片片五颜六色的屋顶，将这里装扮成了一座缤纷的世外桃源。这些五彩屋顶下的房屋都有着洁白的外墙，有的供人居住，有的则为不同的家禽提供着生活空间。这些屋顶仿佛正是这丰富田园生活的缩影，烂漫而多彩。

探秘雨林，领略天空之桥的惊心动魄

在兰卡威，你会发现这里不仅有多彩的海滩，丰茂的稻田，就连热带雨林也别有一番韵味。它带来了幽静的气氛，让人安逸沉静；也散发着探险的气息，令人不断向前。

作为维持岛上生态的重要成员，茂密无比的热带雨林正位于兰卡威海岛中央。走进这座大约 80 公顷的茂盛雨林，高耸的橡胶树立刻将身体环绕，平缓的地面却有着无数粗壮的树根，像金龙的大爪般深入地底。马来蝮蛇在落叶上快速地爬行着，看似粗壮的身体却能不发出一点声响；抬头望去，长嘴的马来犀鸟顶着尖角，三三两两地聚在一起，在树枝上欢乐地鸣唱；顽皮的长毛猴，则倒挂金钩般悬吊在树梢相互打闹……深入丛林，已听不见海浪的响声，前方的道路也越发深幽，在这座不见天日的丛林深处，每走一步都需要勇气。

热带雨林中隐藏着不少古老的岩洞。著名的传奇洞位于树林与海滩交界处，洞口内的石壁上刻着的《古兰经》经文，甚至连澳大利亚土著人也曾在洞口留下了精彩的壁画；可怕的蝙蝠洞位于红树林地带，洞如其名，来到洞口便能看见上千只蝙蝠在洞内上方倒挂，成群结队觅食归来的它们，也总会让人在这寂静的树丛中心惊胆战；一旁的女妖洞一直有别于其他岩洞，洞内几乎没有钟乳石与石笋，因此总有传闻女妖会在这里出没……

深入丛林的探秘让人回味无穷，可要怎样才能俯览这座神秘的绿岛呢？聪明的马来人便修建了这样一座凌驾在岛屿上空的天空之桥。用来支撑这座月牙形桥面的唯一立柱高 87 米，被固定在了岛上的山腰间，整个桥面就这样被 8 根结实的钢绳“吊”在了海拔 687 米的高空，分别连接着岛屿上的两座山头。

从山脚下那布满中式建筑的“东方村”乘坐缆车前往天空之桥，漫步在总长度达 125 米的天桥上，眼下便是深深的雨林幽谷，站在不宽的桥面上，看着广阔的天空，令人热双脚不禁开始发软，而这一难得的 360 度视角享受却也让天空之桥成为了兰卡威的必到之地，高耸凌云在密林与上，自由的翱翔于山脉之间，同时也将安达曼海的额壮美尽收眼底。

感受鹰之神圣，体验喂食老鹰的乐趣

作为马来西亚最神圣的动物，老鹰在兰卡威享有着崇高的地位，这里有专门修建的巨鹰广场，也有遍地老鹰的“鹰之岛屿”。人们崇尚老鹰的自由，更羡慕老鹰的雄壮，似乎在这片土地中，老鹰也逐渐成为了人们永恒的守卫。

位于兰卡威海边，巨鹰广场上的鹰塔是如此显眼，这座修建于1996年的老鹰如今也成为了兰卡威的著名地标。站在45米高的巨型老鹰下，感受着这份雄伟刚烈的野性，张开的双翅勾勒出了完美的曲线，每一片羽毛与渐变的色彩都在巧妙的打造下栩栩如生，仿佛正要一飞冲天去寻找广阔的自由。鹰塔双翅下的巨鹰广场广阔平坦，孩子们围绕着小型的喷泉湖你追我赶，站在回廊上静静地看着远方的海面，一座座弯曲的小桥也仿佛为这里增添了不少活力，悠闲地在广场上吹着海风，坐在巨鹰脚下吸收着那雄壮的气息。

永远停留在广场上的巨鹰，成为了人们永恒的守卫者。

在看完雄壮的鹰塔便一定有了想要一睹老鹰真实风貌的想法，那么就在兰卡威岸边乘坐20分钟的快艇来到这座北部的“鹰之海岛”吧。由于小岛上密布着茂密的丛林与清幽的山水，也让这里成为了老鹰最棒的栖息地，远远望过去，空中盘旋的老鹰似乎都让人无限的敬畏。将船停泊在距岛屿200米左右的海域，接过船家分发的老鹰食物，兴奋地朝着老鹰盘旋的方向抛撒在海中，短短一刹那，丛林中潜伏的庞大老鹰们便闻风而动，原本空旷的蓝天在两分钟内就聚集了数十只雄壮的老鹰，面对海面上的食物，它们交错有序地俯冲，夺食，展翅，最后一飞冲天，感激地盘旋在上空……这些动作是如此干净利落，这也是老鹰能令人们崇敬的原因吧。

· Resorts World Langkawi（兰卡威世界度假村）

地址：Tanjung Malai, 珍南海滩，兰卡威，马来西亚。

兰卡威世界度假村拥有 208 间客房，每间客房都装修考究，部分还配有书桌、吹风机、电风扇、卫星频道 / 有线电视、无线上网等顶级设施。

·Meritus Pelangi Beach Resort & Spa（普兰吉海滩度假村温泉酒店 ）

地址：Pantai Cenang, 庞太切南，兰卡威，马来西亚。

酒店有 350 间装修精美的客房，大部分都配有电影点播服务、电视、洗漱用品、房内保险箱、冰箱。

· Berjaya Langkawi Resort)（成功海滩度假村）

地址：Karung Berkunci 200, Burau Bay, 布鲁湾，兰卡威，马来西亚。

两层楼共有 350 个房间，像部分客房内设的书桌，房内保险箱，空调，DVD/CD 播放器，LAN 宽带上网等现代化设施让人感觉温馨而放松。

北京、上海、深圳有航班直接飞往马来西亚首都吉隆坡，然后转机到兰卡威。从兰卡威的机场打车到兰卡威的 Pantai Cenang，约花费 18 林吉特，但因为公共交通的不便，建议选择租车、摩托车和自行车，租车服务在机场、港口或大型商店就有。

交通

旅游 TIPS

1.11 月到来年 2 月是兰卡威的旅游旺季，特别是 12 月到 1 月间，一年一度的国际风帆锦标赛也会在黑沙海滩举行，因此机票和酒店最好提前预订。

2. 岛上有时会手机充值卡都会卖光，建议上岛前买好充值卡并充好话费，马来西亚有三大移动通信服务商，分别为 Maxis、DIGI、Celcom。

3. 兰卡威的蚊子很大，并可能带有疟疾或登革热病毒，因此，在行程之前最好注射疫苗，并随身携带药物以防传染。

4. 在兰卡威岛上有出租车，短途为 7 林吉特，可是在偏僻的地方一般叫不到；包出租车的话平均 20~25 林吉特 / 小时。

5. 从 Langkawi Parade 马路对面的小路进去会有一些马来西亚华裔开的小店，这些店的食物味道都很好，价格相当实惠，老板娘还会说中文，服务有亲切感。

沙巴岛

在上天的水族馆，聆听母系族群的故事

安全的港湾，这是“Sabah”在马来语中所代表的蕴意，事实证明这个美好的词语也正是为了宁静的沙巴岛而发明。沙巴位于马来西亚婆罗门岛北端，没有汹涌的海啸，也没有台风突袭，这座宁静的“风下之乡”有着令全世界都陶醉的魔力。

沙巴岛极少有人工的雕琢，一切都是那样原始和本真。隐藏在海下的华丽水族馆、质朴而独具特色的母系族群……沙巴是如此慷慨，它是动物的天堂，更是人类的圣地。

诗巴丹，上天打造的潜水天堂

曾有人这样形容道：诗巴丹的美十分之一在海面，剩余的全在水下。诚然，幽蓝的海平面与柔软的沙滩，看上去似乎和别岛并无差别，只有潜入水下，才能看到真实而美丽的诗巴丹。数万年前的地壳活动使这片海底陆块从 2 000 米的深处开始隆起，形成了如今这座位于沙巴岛东岸，拥有着丰富地形的海底天堂。

诗巴丹的美，注定是属于爱好潜水的人，世界潜水之父库斯托称这里如同“从未被侵犯的艺术品”，人们也更偏爱用“上天的水族馆”来称呼诗巴丹。每天清早，海岸边便会公示出当日适宜的潜水时间与地点，跟随专业船只来到较深的海域，潜入海底似乎就不再想回到岸边。畅游在深海中，就像钻进了一块巨大的蓝宝石，形状各异的巨大珊瑚掩护着各类色彩鲜艳的鱼群；一只只“海狼”鼓着刺从身边不紧不慢地游过；不知活了多少年的庞大海龟依附隆起的地壳艰难地朝上游着……若是累了，那么跟随小船来到浅海，看看这块玻璃中的水族世界吧，太阳的照射下几乎能看见海底的一切，五彩的贝壳，晃动的珊瑚，活泼的小鱼群……浮潜在这

丢下烦恼、甩开包袱，两手空空地坐在木椅上看日出从海平面上升起，简单而幸福。

片纯净缤纷的小世界，不妨拿出水下相机，记录下这些多彩的记忆——诗巴丹的海是如此慷慨，就连海里的生物也懂得包容，即使被人类突然闯入了生活，它们也很乐意与人共舞，甚至对着相机摆出 Pose。

仙本那，以水为伴的女儿国

在马来语中，仙本那是“完美”的意思，这恰好也是对当地族群生活最“完美”地诠释。踏上仙本那岛，一座座被木桩撑起的海上房屋立即映入眼帘，不是旅游景观，更不是奢侈的水上屋，这些是当地土著巴夭人的家。巴夭族是仙本那中的主要族群，作为最后一个海上的游牧民族，被称为“海上吉普赛人”的巴夭人世世代代都生活在这片辽阔的海洋中。他们没有国籍与身份，游泳的技能就超越了走路的天性，成为了从小第一个学会的生存方式，甚至为了减少游泳时海水所带来的压力，每个巴夭儿童的耳膜甚至都会被父母割裂。他们从不担心会饿肚子，海中丰富的鱼群便是巴夭人们最好的食物；也不曾计算季节与日期，日夜畅游在海中的生活已成为无法改变的规律。

除了善泳，巴夭人族群还是一个彻底的母系族群，女人在族群里有着永恒且至高无上的地位，就像一个海上的女儿国，她们掌管着家里的大小事。没有电视机与书籍，就这样原始地生活在海洋之中，海风为他们带来欢乐，波纹为他们洗去尘埃；阳光下，人们晒着渔网，捕着小鱼，孩子们欢乐地在水中享受的游来跳去……没有繁华的都市，更没有利益的纷争，这里依旧是一片欢乐的海洋，一片完美的人间乐园。

水上清真寺，里卡士湾上的圣洁明珠

很多沙巴人信仰伊斯兰教，而位于亚庇的州立清真寺，就是他们虔诚信仰的最好证明。这座坐落在里卡士湾畔水面上的建筑修建于1997年，虽然没有悠久的历史，但如今却已被誉为“马来西亚最美清真寺”。洁白无瑕的外表远远望去就如同一颗漂浮在水面的珍珠，深蓝的宝鼎与天空的蔚蓝完美地连接在了一起，阳光的照射使整座建筑都散发着柔和的光，将人心一步步融化升华。

寺院的宫殿内丝毫没有金碧辉煌的华丽，一切都是那样朴实，洁白的大理石地板被祷告者的跪拜摩擦得闪闪发亮。有人说，这里有着沙巴岛上最美的夕阳，就在落日西下的一瞬间，这座洁白的水上建筑就会变成金色的宫殿，微微的金光散发在一片片火烧云下，水中的倒影也将寺院的全貌勾勒得无比清晰。

建在水上，像宫殿一样的亚庇清真寺，被称为“马来西亚最美清真寺”。

住宿

· Celebes Beach Resort（西里伯斯海滩度假村）

地址：马来西亚沙巴州仙本那 Pom Pom Island, Lot Office N.S Tourist Jetty, Jalan Bangau–Bangau。

完善的设施，精美的装饰，这些都可让你在住宿期间感受到更多愉悦。所有房间设有免费无线网络、酒店 / 机场接送、无线网络（公共区域）等设施。客房内饰优雅，便捷设施齐全。为了让游客体验更完美的住宿体验，酒店提供了多种休闲设施，例如花园、水上运动项目（非机动项目）、私人海滩等。

· Sipadan Inn 2 Semporna（仙本那西巴丹酒店 2

地址：马来西亚沙巴州仙本那 Block B, Lot 11–14, Semporna Seafront Township, P.O Box 15。

仙本那西巴丹酒店 2 坐落于沙巴仙本那镇内。酒店地理位置优越，距离仙本那机场仅需 8 分钟左右的车程，斗湖机场需大约 1 小时 13 分钟的车程以及仙本那镇仅需 13 分钟左右的车程而已。

· Seahorse Sipadan Scuba Lodge（海马斯帕丹斯库巴公寓）

地址：马来西亚沙巴州仙本那 Lot A1, 1st Floor, New Township Seafront。

海马斯帕丹斯库巴公寓位于著名的新华社仙本那塔曼区，地理位置便捷。设计舒适，部分客房内可提供房内保险箱、书桌、电风扇、阳台 / 露台、淋浴设施等设施，可让你在酒店享受惬意与舒适。

交通

从深圳、香港等地出发直飞沙巴州首府亚庇，转机至斗湖；或从北京、上海等地飞往吉隆坡，再转往斗湖。再由斗湖转车前往仙本那，最后坐船前往诗巴丹。

旅游 TIPS

1. 每年 3 月、11 月，都是中国长假刚过，西方假期尚未开始的大空档期，此时几乎可以天天申请到诗巴丹潜水名额，尤以 3 月水况为佳。

2. 诗巴丹作为马来西亚的保护区，潜水需要申请许可证，每天只有 120 个名额。因此，如果要确保你能成为 120 人其中的一员，必须持有诗巴丹门票，而且有当地驻军检查。

3.Warisan Square 手信店是沙巴人气颇高的一家手信店，里面的商品琳琅满目，价格也很公道。不过，这里的食品价格不是很便宜。建议买些 T 恤、特制的瓶瓶罐罐或面貌奇特的面具都是不错的选择。

邦喀岛

自然与人文交织的世外桃源

在马来西亚的诸多岛屿中，邦喀岛或许是开发得最早的岛屿之一，早在地理大发现之前，岛上就存在人类生活的痕迹，渔民、海商、探险家和海盗都将这里视为天堂。17 世纪，荷兰探险家发现了邦喀岛，这座美丽的岛屿逐渐走进了世人的眼球，但直到今天，它依然没有沾染尘世的喧嚣，仍保持着淳朴的本质。

邦喀岛植被茂盛，林木幽深，美丽的金沙滩和班底巴西波卡海滩如同雪白的缎带，铺砌在岛屿西岸；幽深的树林中，猴群在树梢间若隐若现，还有犀鸟的鸣叫传入耳朵；荷兰城堡、小长城和中国渔村等历史古迹清晰地书写着岛屿的历史……

沙滩，邦喀岛的动人妆容

邦喀岛位于马来西亚霹雳州，首府恰保西南约 90 公里处，是一座风景迷人的热带小岛。作为马来西亚最受欢迎的岛屿之一，邦喀岛有着晶莹的海水，斑斓的珊瑚，茂密的森林以及多姿多彩的人文风情，而这其中最动人的，则非海滩莫属。

邦喀岛知名的海滩大多集中在岛屿的西岸，以金沙滩最为著名。金沙滩全长 1.2 公里，砂质微凉，洁白细腻。沙滩深处棕榈密布，浓荫下有不少游人正在吊床上酣睡，更多的人要么躺在沙滩上日光浴，要么在浅水处嬉戏打闹。

班底巴西波卡海滩同样受人欢迎，这座海滩向内凹陷呈半月形，海水清浅，如果天气晴朗，还能清晰地看见水底下色彩斑斓的珊瑚群。因为水质极佳，因此班底巴西波卡海滩成为远近闻名的潜水胜地，当然，你也可以在沙滩附近租赁游艇和渔具，来一场海钓。班底巴西波卡卡海滩的树木很茂盛，树下有着大片的林荫，不少人都选择在林荫地中野餐。

此外，龟湾、直落达南湾、直落尼巴湾都是不错的好去处，这几处沙滩不仅游客稀少，环境清幽，而且周围树木遍植，自然环境极佳。尤其是、直落尼巴湾，不仅水质好，水中更有着大量的珊瑚礁和上千种海洋生物，生态极为丰富。

环岛骑行，海岸、密林与动物的协奏曲

邦喀岛并不大，岛屿沿海修建有起伏不平却路况极佳的环岛公路，因此，骑车环岛也就成了一种别具一格的旅游方式。骑行的载具建议选择摩托车，上岛处就能租赁，极为方便。

环岛公路并不长，只有 20 多公里，但一路上或沿海，或穿林，景色各有不同。沿海的公路可以享受清新的海风和悦耳的海浪声，而生长在浅水处的红树林也为骑行增添了不少乐趣。退潮后，濒海地带会有很多沙洲露出水面，如果感兴趣，不妨上去游玩一番。密林地带的公路则稍微有些陡峭了，但山林的气息反而会洗去驾车的疲倦，让人精神抖擞。邦喀岛的密林中生活着不少动物，沿途时不时会瞥见猴子的身影，它们成群结队地停在树梢，静静打量陌生的外来者，如果你想停下车为它们拍照，那就得抓紧了，因为它们会一下子逃也似的窜入林中不见踪影。大嘴犀鸟也是岛上常见的鸟类，它们声音响亮，时而在枝头大声鸣叫，时而又会在骑行者的头顶盘旋。

邦喀岛水清沙幼，植被茂盛，自然景观极为秀丽。

骑行途中，也会看见不少民居，它们或远远地建在山头上，或隐没于林间，只留下一角，颇有些“白云深处有人家”的韵味。

抖落历史尘埃，书写质朴人文

邦喀岛有着长达数百年的开发史，因此岛上到处都能找到历史的印记。荷兰古堡是岛上最著名的景点之一，修建于1670年，位于直落戈东地区。这座古堡当初是荷兰人对付当地马来人和海盗的要塞，在1743年被重建过一次，但如今，古堡早已风华不再，只余下残存的地基和雕刻凭吊当年。

福临宫是一座古色古香的中式庙宇，拥有70多年的历史，由当地思乡心切的华人集资修建。福临宫雕梁画栋，香火鼎盛，善男信女不仅有本地居民，甚至还远及新加坡、文莱等地。庙内有一面牛皮大鼓，鼓皮上会长出牛毛，如果将牛毛放在钱包内，便会财源广进——不管真实与否，当作旅途中的点缀总是不错。福临宫背后有一座迷你的长城，是万里长城的仿制品，总长527米，被称为“小长城”。

岛上的居民大多为渔民，它们采用的仍然是较为传统的捕鱼方式，而渔村也最大程度地保留着百年前的样子，一座座古旧的浮楼以打入海底的木桩为支撑，连绵上百座，极具旧时代的南洋风情。这里的渔民非常淳朴，会主动与游客打招呼，甚至还会邀请你去家里品尝海鲜。

邦喀岛的渔村风情。

住宿

· Best Stay Hotel Pangkor Island

地址：Lot 55, Jalan Pasir Bogak, Pangkor, Pulau Pangkor, Malaysia。

酒店的地理位置很好，就在商业区附近，离码头也不远，只要大约5分钟路程。酒店服务周到，房间卫生，价格适中，性价比较高。

· Pangkor Island Beach Resort（邦咯沙滩度假村）

地址：Lot 30, Pasir Bogak，Pangkor Island， Malaysia。

度假村干净精致，位于邦咯岛的海滩，不仅可以随时到沙滩玩耍，环境也非常幽静，适合放松。

· Vikri Beach Resort（维克里海滩度假村）

地址：Lot 6 & 7，Pangkor Island，Malaysia。

度假村位于邦咯岛的海滩附近，虽然并不豪华，但却非常干净体面。度假村的老板服务很周到，他们会为游客做一些美食，也会帮你安排烤肉野餐，让人有家的感觉。

交通

在中国乘坐前往马来西亚吉隆坡的直飞航班，然后转乘巴士至霹雳州的实兆远地区，再在红土坎码头乘坐轮渡，40 分钟便可抵达邦咯岛。

旅游 TIPS

1. 岛上的居民约 2.2 万人，接近一半都是华人，因此不用担心语言不通。

2. 抵达吉隆坡后，千万不要买到首府怡保的巴士票，这样会绕一个多小时的远路。直接买到实兆远地区的票即可，在实兆远转车至红土坎码头，大约不到 5 小时就能到达。

3. 骑行租赁费用不高，租赁摩托车，3 天的价格为 70 林吉特，油费大约 4 林吉特。

4. 邦咯岛浮潜的价格很便宜，浮潜用具租赁价格仅为 40 林吉特 / 日。

5. 岛上蚊子很多，建议带上风油精等防蚊药水。

冲绳岛

享受清新海岛美景，感受多彩礼仪之地

它古朴风雅，纯净透亮，有着“日本夏威夷”的美誉；它绚丽多姿，宁静祥和，踏上这片土地便能感受到最温馨的气息……它就是冲绳，如同一颗璀璨明珠般，在广阔的日本海域闪烁着绚丽光芒。作为曾经繁华的琉球王国，冲绳在上百年的历史中散发着独特的风情，人们着迷于冲绳的文化，也在这片“东方香格里拉”的呼唤下沉醉得无法自拔。

多姿的蓝珊瑚，温和的海水，烂漫的樱花，庄重的城门……摆脱了东京的浮华喧嚣，这里的气息让人很快沉静下来。觉得质朴，因为这里有着古香古色的风情与建筑；感到难忘，因为只要来到这里，你便会爱上一种叫作“冲绳”的生活。

情迷璀璨珊瑚，感受多彩海岛

冲绳岛地处日本西南，位于琉球群岛中央地段，60 多座串连而起的岛屿像一颗颗耀眼的珍珠明亮迷人。亚热带海洋气候让冲绳四季如春，石垣岛的清透，与那国岛的温暖，海底清晰的鱼群，慈祥微笑的岛民……这已不仅是一座岛，而是一片暖心的温柔乡。

八重山群岛之南，一座颇有亚热带南国风貌的岛屿是人们的挚爱。为了防止台风来袭，岛上的房屋边缘都被石块紧紧包围，这里也因此得名——石垣岛。石垣岛天蓝水清，越过倒映在海水中的郁郁葱葱的灌木丛，一片涤荡着慑人蓝光的珊瑚群出现在眼前，这就是石垣岛的专属，全球最大的蓝珊瑚群。它们是那样轻巧，在海水中温柔缓慢地舒卷着身躯，却又是如此羞羞答答，一经触碰便会迅速缩回。红白相间的小丑鱼在珊瑚间招摇，懒惰的海星和海参则在呼呼大睡……

阔大的水族馆，也是冲绳岛的特色之一，大鲸鲨与各类海洋鱼类在这里和谐相处，不少游客为之频频赞叹。

不同于石垣岛的自然风景，与那国岛的人文风情更令人沉醉。岛上建满了一栋栋低层独栋水泥房，红白相间的屋顶层层紧靠，一直延伸到了海边。弯弯曲曲的石板小路旁，三角梅浓烈地盛开着，老人们或休闲地晒着太阳，或聚在一起下着将棋。一个不经意的转弯，就能遇到一群背着游泳圈的光屁股孩子，摇摇晃晃地朝大海跑去……如果天气晴朗，站在海岸较高处，还能看到在水天一色处若隐若现的台湾岛，那又是另一个怎样的动人故事呢？

赏遍烂漫樱花，邂逅奇异鱼群

樱花自古以来便是日本的象征，有人说它凄凉，因为一遇到风雨它便会飘落殆尽；也有人说它充满生机，因为每当春来，它们就会百花齐放，为大地传递春的讯息。八重岳便是冲绳岛的樱花天堂，与日本本岛的“染井吉野樱”不同，这里的樱花名为“绯寒樱”，花色接近于桃红色，花朵倒挂，如垂着头的仙子。绯寒樱开花时间为每年 1 月，比本岛早 2~3 个月。

八重岳樱之森公园是冲绳最著名的赏樱地点，盘山公路乃至整个山头，都被一株株热烈绽放的绯寒樱所覆盖。一阵风过，纷纷扬扬的花瓣四散飞扬，整个公园便会沐浴在旖旎的樱花雨中……穿着和服的日本少女碎步款款，任由花瓣拂过面庞与发梢；情侣们则在树下铺开餐布，享受一场粉色的爱情午餐……正是这些灿烂的绯寒樱，为冲绳带来了唯美与浪漫，也第一个将春的信息传播到了遥远的东京。

冲绳之美，除了有静美如樱花，也有活泼如海鱼。在冲绳美之海水族馆，你就能够邂逅这些活泼可爱的海底精灵。这里有小巧的小丑鱼，美丽的月光蝶，也有巨大的鲸鲨及长相恐怖的鬼蝠鱼。水族馆的原生态设计让人犹如进入四面环海的奇境，似乎只要一伸出手就能触摸到游动的小生命，哪怕只是笨拙的海星，淘气的螃蟹，微不足道的小虾……

走进古朴旧城，迈入礼仪之门

千年前，冲绳曾一度被琉球王国所统治，虽然这一切如今早已作古，但遗留下来的建筑却兢兢业业地记录着那段历史。首里城曾是琉球王国的政治中心，位于冲绳岛南部。它拥有着北宫、南宫等不同宫殿，所有的建筑都融合了唐朝与琉球的特色，走进这里仿佛走进了另一座故宫，宫殿前的红色柱子，门口精雕细琢的石刻雕像，殿内金碧辉煌的格局让这座千年古城依旧生机勃勃。漫步城内，来来往往的人脸色肃穆，那沉淀千年的厚重与古韵，正在他们的心头渲染开来……

作为 2 000 日元纸币的背景图案，守礼门同样也是冲绳的象征。守礼门是首里城的第二道城门，王朝时代，冲绳有着“守礼之邦”的尊称，悬挂在门上的这四个大字也正是守礼门名字的由来。相传守礼门建于 16 世纪前期，建筑样式参照了中国唐代建筑风格——红瓦白墙，屋顶突出，显得古色古香。令人遗憾的是，守礼门早在太平洋战争中被烧成了灰烬，如今的守礼门则是 1958 重建的。守礼门的门口，身着冲绳传统服装的日本女性会朝着每一位拜访者礼貌地问好，那甜美的声音，真诚的笑颜，令人难以忘却。

犹如中国建筑的宫殿，装饰得金碧辉煌，同时透出沉淀了千年的厚重与古韵。

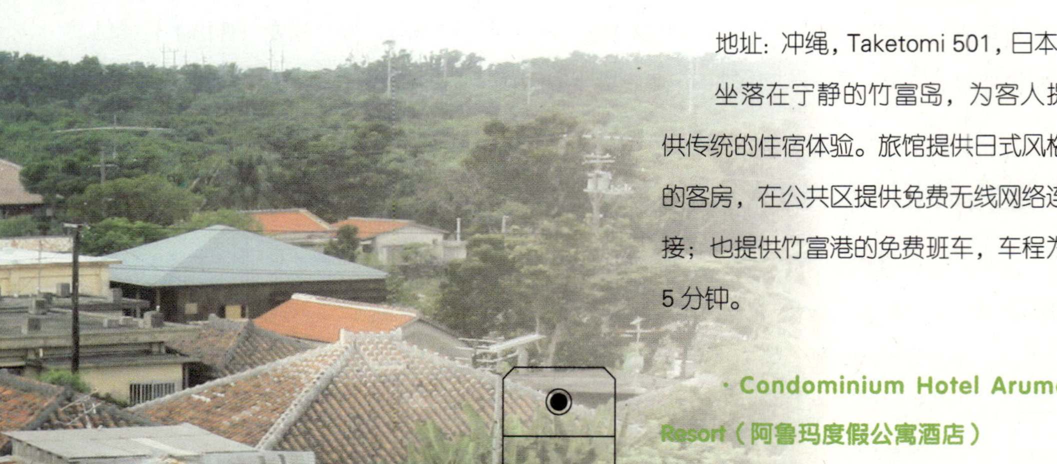

住宿

· **Ohamaso（奥哈马索酒店）**

地址：冲绳，Taketomi 501，日本。

坐落在宁静的竹富岛，为客人提供传统的住宿体验。旅馆提供日式风格的客房，在公共区提供免费无线网络连接；也提供竹富港的免费班车，车程为5分钟。

· **Condominium Hotel Aruma Resort（阿鲁玛度假公寓酒店）**

地址：冲绳，读谷地区，日本。

酒店距离 Churaumi Aquarium 水族馆有5分钟车程，距离今归仁城遗址（Nakijin Castle Ruins）有15分钟车程，距离那霸机场（Naha Airport）有2小时车程。

· **Nilaina Resort 度假酒店**

地址：竹富岛，冲绳，日本。

住客可以在热水浴缸中放松身心，还可以在木制阳光露台上享受日光浴。在阳光明媚的日子，还可使用荷兰烤箱进行烧烤。酒店提供通往上原港的免费班车，两地相距有10分钟车程。

国内可从上海直飞冲绳岛那霸机场，需约 3 小时。

另外，也可从东京羽田机场至冲绳的那霸机场，约 2 小时 45 分钟，从关西国际机场出发约 2 小时 10 分钟。

交通

旅游 TIPS

1. 牧志公社是冲绳吃海鲜的好去处，位于那霸地标国际通。市场的一楼是卖海鲜、肉类、冲绳限定食品等的各类店铺。二楼是美食街，在这里可以品尝到冲绳的海鲜美食及日本料理。在牧志公社一楼买好海鲜，便会有服务员送到二楼的餐厅加工，加工费是 500 日元 / 人。

2. 冲绳的染织物一直都具有传统特色，许多古民居还兼营琉球地方的传统染织物作坊。不仅有实际表演操作，还出售这些工艺品，还有让参观者动手体验的教室，最后拿着自己制作的作品会更有乐趣。

3. 御果子御店里面的糕点应该算冲绳之最，有紫薯做的糕点，像船一样，味道非常好。御果子御店里是可以用银联卡的，建议糕点还是在这家店买，毕竟原产地在这里，并且在松尾车站旁边的御果子御店里，还能看到糕点的生产过程。

马尔代夫

瑰丽的海岛，浪漫的水上屋

印度文中的“Malodheep”，自古以来便有着“花环”的寓意，它象征着世间的一切美好与纯洁。而就在印度洋这片深邃的海域之上，一连串散落的群岛如同繁星般编织出了一道美丽的弧线，它的名字叫作“马尔代夫”，一座由1200余座珊瑚群岛组成的国度，用它人间天堂般的美好纯净吸引着全世界情侣们的浪漫灵魂。

有人这样描述道：99%透亮的海水加上1%的洁白沙滩才是100%纯正的马尔代夫。这里的海洋与沙滩拥有着魔法一般的魅力，即便只是一个步行几小时就能游览完的迷你小国，却也吸引着无数情侣前来蜜月，漫步在沙中，畅游在海里，如同嬉戏在一个晶莹透亮的玻璃舱内，眼中永远都只有马尔代夫那多彩的浪漫。

牵手静谧海岛，铭记永恒的浪漫

若洁白的沙滩是一座海岛的完美装扮，那么透亮的海水便是它内心的灵魂。坐落在北马累北环礁的天堂岛虽然面积小，但却拥有着马尔代夫最透亮的海水。白天，数米深的海底在阳光的照射下仿佛近在咫尺，五彩的贝壳和摇晃着胡须的小虾仿佛伸手可得；而到了夜晚，皎洁的明月映射在海面上，海底仿佛被照亮似的，纤毫毕露：活泼的招潮蟹在海底打洞，沙蚕在水底沙的沙面上慢慢蠕动……

古巴比伦人建立了神奇的空中花园，那么是否也有人会在海底建立一座别样的水下之城呢？或许同样位于北环礁的芙花芬岛，能够满足你的要求。芙花芬岛的海底40米处，拥有世界上第一个由玻璃构成的用来观赏海底生物的水下房间，正方形的玻璃屋中，360° 的视角让

人将这里的海底生物一览无遗。除此之外，这里还拥有世界上第一家水下Spa以及海底酒吧。感受过白天的静谧后，来到这里幽静的海底小屋享受一次独特的水下Spa，一边看着窗户外畅游的鱼群，一边在按摩师的拿捏下舒缓着经络；走出Spa间再一身轻松转战海底酒吧，窗外的海水将整个酒吧的色调都调和成了浪漫的深蓝，技术娴熟的服务生调制着一杯杯独特的鸡尾酒，偎依在爱人身边小酌到微醺……如此甜蜜的景象，构成了芙花芬岛海底的每一个浪漫夜晚。

卡尼岛是一座被称为“印度洋上的绿洲”的岛屿，如果说马尔代夫的海岛是天堂，那么这里必定就是天堂的后花园。卡尼岛上遍布着各种各样的热带植物，庞大的数量使这里已形成了茂密的树林，随着海风的吹拂，绿叶也跟着沙沙作响，走在交错纵横的林中小径，用手轻抚满地的花朵，蓝天的映照竟让这里美得那样不真实，它就像上帝亲手打造的一座婚姻殿堂，亲自铺好的一条幸福之路，站在繁花丛中给爱人一个热切的拥抱，你追我赶地奔跑在丛林里，一切都如同初恋般甜蜜美好。

与自己最亲的那个人携手踏足马尔代夫，一起等待夕阳西下。

栖居水上木屋，感受深夜浮潜

上帝似乎用了一切方法来让这座海岛变得浪漫，就连居住环境也散发着甜蜜气息。海面上，一座座独立的斜顶木屋在最自然的环境下，用最奇特的方式点缀着这片碧海蓝天，它们依靠着钢筋或圆木固定在距离海岸大约20米的海面上，在一座座木桥的连接下犹如一颗颗串起的珍珠漂浮在海面。躺在木屋里，耳边阵阵的海浪声将人带入甜蜜的梦乡，摇椅上逍遥自在地感受着海风的轻抚，让人忘记了一切烦恼；满天繁星下，在四面环海的婚房里拥抱着最爱的人，细数唯美的星月，畅谈美好的未来……仿佛置身于一个童话世界，看着潮起潮落，扔掉了都市喧嚣繁华，拾起了内心那片单纯的宁静。

马尔代夫总是充满着新颖的事物，就连处处都有的潜水也是别具一格。这里每一座开发的岛屿上都有着独具特色的潜水机构，而最具特色的就要数夜潜了。太阳落山时，一群群装备着呼吸管，脚蹼的潜水爱好者开始出发，迫不及待地坐上船向着珊瑚群的海域行进。当工作人员将船停稳在珊瑚礁上后，潜水者们便会纷纷跃入海底，手中的光源迅速将周围的生物统统吸引，自己仿佛成为了这片海洋的王者，不费丝毫工夫召唤着奇异的鱼群。灯光照耀下的海底似乎变得更加五彩缤纷，顺着光源还能清晰地看到漂浮在水中的鱼卵；鱼群的颜色也被照得更加鲜艳了，它们瞪大双眼好奇地望着这个庞大的闯入者，环绕在身边游来游去，探索着各自的奥秘。

伊斯兰教圣地，感受质朴民风

除了诱人的自然景色，马尔代夫还是一个信奉伊斯兰教的国家，虔诚的宗教信仰让这里的民风单纯而质朴。人们说话轻声细语，脸颊总会面带微笑。马尔代夫的伊斯兰教徒每天都会自觉地祈祷5次，也会走上街头，慷慨地将装满食物的盒子送给街旁的流浪汉，因为他们坚信只有将自己的幸福分给别人，才能让大家都幸福……一路走来，一切都是如此温暖，让人过目不忘。

首都马累拥有不下30座清真寺院，位于白沙路的朱马清真寺也是当地伊斯兰教的主要圣地，这座临海寺庙建于1656年，400多年的风风雨雨将它变得越发美丽，白色与蓝色塔楼上记录的《古兰经》如今依旧清晰，塔旁装饰着美丽的白色回廊令人忍不住爱上这里的纯洁与美丽。走进清真寺，寺庙内部伫立着的多座陵墓让人不禁想要一探究竟，这些都是马尔代夫著名宗教政治家的陵墓，黄金打造的陵墓顶端始终闪耀着刺眼的亮光，让人永远铭记英雄的存在。身处朱马寺，耳边随时都会传来教徒们发自内心的歌诵，虔诚的歌声随着柔和的海风静静传来，为来到的情侣们祈祷着终身的幸福，为这座人间天堂祈求着永恒的美好。

住宿

· Anantara Dhigu Resort & Spa （安娜塔拉水疗度假村）

地址：马尔代夫 P.O. Box 2014，Dhigufinolhu， Male。

酒店设施一应俱全，可让您的住宿体验变得回味无穷。一切生活必需品，例如，洗衣服务、干洗、儿童看护服务、无线网络、自行车出租服务等都已为您准备就绪。住客可享受酒店内的休闲设施，包括网球场、室外游泳池、水疗、水上运动项目等。

· NIYAMA Maldives Per AQUUM Resort（马尔代夫尼亚玛 AQUUM 度假酒店）

地址：马尔代夫 Olhuveli 达鲁环礁地区。

酒店坐落在马尔代夫的双鱼私人岛屿“Olhuveli”上，拥有一个 24 小时营业的水疗中心和世界上第一家海底夜总会。这个热带天堂提供一个安静的私人海滩、管家服务以及覆盖整个度假酒店的免费无线网络连接。

· Conrad Maldives Rangali Island（马尔代夫伦格里岛港丽酒店）

地址：马尔代夫 Conrad Maldives，Rangali Island， Maldives 南阿里环礁地区。

酒店位于两座私人岛上，纯美白色沙滩与保存完好的珊瑚礁环绕四周。乘水上飞机抵达酒店，在世界首个玻璃海底餐厅用餐或享受奢华水疗。

交通

可从成都、上海、广州、北京直飞马尔代夫首都马累，单程仅需要6个小时。

由于马累面积较小，单车或步行都是不错的选择，当地出租车不计里程，随叫随停，价格为15罗飞亚。

旅游TIPS

1. 马尔代夫有两个鲜明的季节：干季（每年11月末至次年4月）和湿季（每年5月到11月）。由于湿季的雨水多，天气变化大，相对来讲是马尔代夫旅游的淡季，尤其是对于摄影爱好者来说，说来就来的阴雨可是大忌。

2. 刺激的夜间垂钓通常每周有3次，一般在16:30—19:30，在酒店旅游部可报名。先乘坐机帆船约20分钟开到有海沟的地方，水手会找浅水深水交汇处的海沟，这里的鱼多而好钓，船上提供海竿和鱼饵，水手负责指导和看护。

3. 下午5时左右是马尔代夫酒吧的幸福时光，所有酒品半价。可以在这个时间段买好一瓶或者几瓶酒，存在酒吧或者带回房间，价格比在餐厅或者酒吧单买要优惠很多。

济州岛

变身韩剧主角，寻觅岛中浪漫

喜欢一个地方，或许是因为美景，也或许是一种情怀。有人说韩剧是全世界最浪漫的剧集，那么构成这浪漫意境的必备元素就一定是济州岛。《我的女孩》《我叫金三顺》《宫》……剧集里的情侣们总是在济州岛度蜜月，在济州岛恋爱，生气会前往济州岛散心，开心依旧会前往济州岛度假。

然而，与其说一部部脍炙人口的韩剧炒红了济州岛，不如说济州岛本身就具有足够的魅力：朝霞旖旎的日出峰，漫山鲜花的汉拿山，萌化人心的泰迪熊……走出韩剧的渲染，现实中的济州岛依旧是一座充满少女情怀的浪漫岛屿。

日出峰顶观日出，气势汹汹虎头岩

济州岛位于韩国最南端，踏上岛屿后，一条向东方延伸的小道便会将人引入一个叫作日出峰的地方。远远看去，蓝色天幕下的日出峰脊梁笔直而宽厚，如同一座城池一般，因此日出峰也被称为城山。然而谁也不会想到，这座看似忠厚的山峰，却有着全岛最动人的旖旎风光。日出峰是济州岛的火山口之一，火山口直径达 600 米，如今则被一片丰茂广阔的牧场所覆盖。每当星子即将淡去，东方露出鱼肚白的拂晓时分，总能看到一对对登山而来的情侣，他们各自寻着一块地，安静地相拥而坐，似乎在等待什么。

很快，东方的天空越来越亮，当最后一丝黑暗被驱散，一轮红日伴随耀眼的霞光冲出海平面，阳光一寸寸铺满海面，一寸寸爬上日出峰，一寸寸洒落在恋人们的身上、心间，一种名为浪漫的气息，在草场间悠然回荡……

蓝天白云下的日出峰，如同一座坚固的城池，因此，日出峰也被称为“城山”。

与日出峰的浪漫相反，不远处的龙头岩则多了一份男子气概般的波澜壮阔，这座露出海平面十多米高的巨大礁石，在数不清的岁月中，被海水打磨成了一座龙头的形状。迎着海浪的袭来，巨龙正对着远方发出一阵阵仰天长啸，令人望而生畏。而每当满月时分，潮汐所引起的巨大海浪更加激怒了这条傲慢的蛟龙，它用洪亮的怒吼声与坚硬的背脊，一次次挑战着这煌煌天威，从不屈服。

四季浪漫汉拿山，仙女下凡天地渊

除了日出峰，汉拿山也是一处浪漫之地。汉拿山高耸在济州岛中部，蓝天白云之下，它用透彻的湖水折射着广阔的蓝天，大海礁石之上，它让自己变得壮阔伟岸。整天嚷嚷着要爬汉拿山的金三顺，最终在满天星空的山顶等来了最爱的贤重，这般催泪浪漫的场景刹那间便勾起了少女们的满满心事。

一年四季，汉拿山景色都各不相同。春天，温和的阳光让这片山脉遍地缤纷，鲜花织就的缤纷花毯任由女孩们在上面奔跑，欢笑；夏季，成荫的绿树似乎为这里带来了一丝热恋的浪漫，茂盛的树丛中，嬉戏打闹的笑声将被永远铭记；深秋，一望无际的油菜花随凉爽的秋风舞动翩翩，在这丰收的季节里，爱情的果实是否成熟了呢；而到了一年的最末，白雪皑皑的冬季似乎见证了365天的喜怒哀乐，无尽的酸甜苦辣只有在这纯洁的白雪中才能显得色彩斑斓，回味无穷。四季有四景，无穷变换的汉拿山是情侣们浪漫誓言的最好见证。

天地渊瀑布位于汉拿山保护区、柱状节理带的西北面，相传玉皇大帝的仙女们每到夜间便会来到这里沐浴，因此得名天地渊池。正如这个气势恢宏的名字一般，瀑布从悬崖峭壁上倾泻而下，发出雷鸣般的声音，如同从天而降的银河。瀑布共有三段，每一段都如同仙女们漫天挥舞着的洁白丝带，温柔的一面也透露着汹汹气势。在第二段瀑布的上侧，有一座专为游客设计的拱形桥，恋人们站在桥上，感受那细腻清凉的水雾，丝丝情愫正在心底萌芽。

感受泰迪熊的可爱，品位民俗村的古老

2006年，一部名叫《宫》的韩国偶像剧让“泰迪”这个萌气十足的玩具打开了少女们的心扉。剧中，帅气的男主角总是一手捧着花，一手拿着各种形态的泰迪熊向自己心爱的女人示爱，这让电视机前青春少女们对泰迪熊更加憧憬。

济州岛，这座充满着韩流气息的浪漫岛屿，又怎么能少了泰迪熊这个恋爱尤物的身影呢。位于济州岛西归浦市内的泰迪熊博物馆，在当地一直拥有着居高不下的人气。展馆主要分为历史馆和艺术馆，历史馆中的泰迪会成为古老的历史“人物”，模仿每一个远古时期的重要场景，甚至就连《蒙娜丽莎的微笑》以及《最后的晚餐》，也被这些毛茸茸的小熊们演绎得淋漓尽致。艺术馆是最让孩子们喜爱的场馆，这里有来自世界各地设计师们精心设计的泰迪造型，包括世界上最小的泰迪熊，以及珠光宝气、西装革履的个性泰迪，它们甚至还会COS各种卡通形象。走出场馆，你还能看到在店铺内选购各自专属泰迪的情侣。此时此刻，它早已不是一个玩具，而是一段情感的见证人，一位心灵的治愈师。

如果说泰迪熊代表现代的浪漫，那么民俗村则是韩国古老风情的代言。作为著名韩剧《大长今》的拍摄地点，济州民俗村博物馆再现了百多年前的济州岛传统风貌。民俗村总共有100多套传统房屋，均用石头砌成，远看好像一个个巨大的草包，呈圆形分散。如今，依旧有上百户人家守候在这片古老的村落，他们使用着古老的农具，家里的磨盘依旧能嘎吱嘎吱转动……

住宿

· Jeju Lotte Hotel（济州岛乐天酒店）

地址：2812-4 Saekdal-dong，Seogwiposi，Jeju-do Korea。

濒临海岸的济州乐天酒店是济州岛豪华酒店的代表之一，位于西归浦市，建筑极具热带风格，楼高12层，在这里您可以欣赏“爱之湖”的美丽景色，在“诗人阁”吟诗，或是在游泳池内玩水，散步于美得令人窒息的花园小道上，在荷兰风车下享受习习凉风。

· Ramada Plaza Jeju Hotel（济州岛华美达广场大酒店）

地址：66，Top-dong Ro，Jejudo Korea。

济州岛华美达广场大酒店大厅的一面墙是一幅以济州清静的大海为背景的图案。透明的天棚散满自然的阳光，时时刻刻散发各种香气的香味空调系统，可以眺望中央庭院的展望型电梯等为您带来了新鲜和愉快的感觉。

· The Shilla Jeju（济州新罗酒店）

地址：3039-3 Saekdal-dong Seogwipo-si，Jejudo Korea。

这里有处处可见的济州自然风光，基于高级的品质与服务，曾接待来自世界各国的首脑，承办并成功举行许多国际活动。与酒店明亮婉约的浅色系室内装饰相配合，收藏着许多艺术作品，给整个酒店营造如美术馆般的优雅气氛。

交通

可从北京、上海直飞济州岛，同样也可以从韩国境内乘船或飞机前往。由于济州岛对中国实行免签政策，因此前往济州岛只需要护照与机票。

旅游 TIPS

1. 海岸线上的各类海鲜都是这里的特色，在售卖的地方均可以现场加工，并且蘸当地的特色酱料食用，韩式糯米糕，清蒸小鲈鱼等都是当地的特色美食。

2. 在济州岛购买服装推荐去新罗免税店济州店，它位于济州道济州市莲洞 252-20，是济州道内最大的卖场，汇聚了 LOUIS VUTTON、HERMES 等著名国际品牌以及其他名品香水、化妆品、服装、箱包、鞋、手表、宝石等 500 余种商品。

3. 每年 6 月，热爱运动的济州人会举办国际铁人赛和采蕨菜比赛；而 7、8 月份的盛夏夜晚，在塔洞海边演出场里，会举行充满浪漫气息的海滨节。

斯里兰卡

虔诚的佛教净土，古老而安宁的国度

它，如同一滴饱含沧桑的眼泪，讲述着自己的故事；它，更像一颗晶莹的珍珠，在浩瀚印度洋上散发着柔和的光泽……斯里兰卡，2 500 年的历史如同一袭沧桑的华衣，为她穿戴上古老和韵味。

在这里，你能够沐浴在佛光之下，感受着佛牙节的热闹与圣洁；你能在古老王朝的华丽皇宫中感受时光的宏伟，也能在残破的遗迹里悲叹历史的沧桑；你能在“世界的尽头”静享田园风光，再品上一杯醇厚鲜爽的锡兰红茶……

佛光普照之地，闪耀着善的光辉

早在公元 28 年，佛教就在斯里兰卡落地生根，如今，佛教文化早已散发到了这个国度的每一个角落。在科伦坡、在康提，在每一座城市的大街小巷，随处可见拿着贡品供奉神佛的虔诚教徒；寺庙旺盛的香火中，处处是祈福与跪拜的信徒……这里不但拥有着华丽的佛门寺院，金光闪闪的巨型大佛，就连佛教的节日，每年也进行得如火如荼。

凯拉尼亚大佛寺是斯里兰卡最大的寺庙之一，位于首都科伦坡凯拉尼亚河右岸，也被称作“皇家大寺”。寺庙围墙素白，佛塔与大殿交相辉映，正方形的殿堂内围绕着一尊尊形态动作各不相一的金色佛像，不论是不是佛教徒，人们都虔诚地点着香烛，跪拜在佛像面前祈祷。走出寺庙，便能看见一座正方形后花园，花园中的人工水池倒映着蓝天白云，极为纯净。捧一把清澈的圣水，感受这来自神佛的恩赐。夜幕降临，宫殿旁的白色宝鼎亮起了一盏盏明灯，在黑夜中指引着朝拜者前行的方向，仿佛散发着永不磨灭的光辉。

佛教文化源远流长的斯里兰卡，每一个角落都能找到“佛”的影子。

一年一度的佛牙节便是斯里兰卡人为佛教而创办的盛大庆典。每年的8月19日，斯里兰卡的著名古城康提便会在夜幕降临后迎来一位位庞大的“使者”。走进游行的人群中，数十头盛装打扮的大象正朝人们缓缓而来，浑身布满着明亮的灯光，鲜艳华丽的编织物工整地佩戴在庞大的身躯上，就像穿着一件件昂贵的编织服。象群会在一头名叫 Maligawa Tusker 的大象带领下环绕人群游走在街道，远远望去，它的背上仿佛多了一个顶棚，顶棚下摆放着亮光闪闪的盒子，四周的岛民都向盒子投去了神圣的目光，人们坚信它传承了舍利的精髓，双手合十，闭着眼默默祈求……在那之后，整个康提都会沉浸在一个为期5天的游行中，欢乐的氛围笼罩着每一座寺庙。康提的街道上，人们穿着鲜艳的服饰，兴奋地吹着乐器，成群地拍打着腰鼓，跟随节拍愉悦地又唱又跳。不同的寺庙内，人们供奉着不同的神物，每一座金光闪闪的佛像前都有着旺盛的香火，不论是岛民还是游客都在虔诚地跪拜，祈祷着不同的未来，久久不愿起身。

或许是受到佛教真善美的影响，斯里兰卡人对世间万物都充满着善良与感恩。在距科伦坡80公里处，有一座世上仅有的“大象孤儿院”。正如其名，这座依靠着山脉的小谷地内收养着来自世界各地因为种种原因与父母失散的幼年象，也作为一个允许游客与象群们接近的趣味游览地。站在池塘边的护栏外，看着细心的工人为大象洗澡擦身，舒服的感觉让它们的眼睛都笑得弯了起来，在水中缓缓地踏着步。树林摇摆的绿叶下，它们用各自长长的鼻子嬉戏打闹着，溅起的水花与它们的“欢笑”构成了这幅和谐美好的画卷。

宫殿与古城，抖落沧桑尘埃

古老的斯里兰卡不仅在佛文化的浸透下光辉四溢，就连历史建筑也让人叹为观止。狮子岩，这座位于斯里兰卡锡吉里亚的“巨岩王朝”被称作世界第八大奇迹，它是一座凸起在红色巨岩之上的空中宫殿，平整的山峰犹如一座从地面凸起的巨大舞台，绿树的包围也令这座空中花园更加神秘。公元 5 世纪，杀父篡位的王子为了防止被流亡印度洋的弟弟复仇，耗尽人力在巨岩上打造出了这座奢华宫殿。宫殿高 350 米，占地大约 2 000 平方米，走进宫殿，首先映入眼帘的便是上百个大小不一的展厅，分别是宴会厅、议事厅、国王寝宫等。如今各个展厅都已空空荡荡，但墙上的壁画却依旧清晰地铭刻着历史。走出展厅，便来到了露天庭院，庭院内有国王的石制宝座和人工蓄水池，在阳光下泛着粼粼波光。

保存完好的狮子岩宫殿令人目瞪口呆，只剩下遗址的波隆纳鲁沃古城则令人无比惋惜，这座位于科伦坡东北 200 公里处的古都，在 1982 年便被列入了世界遗产。波隆纳鲁沃古城兴盛于 1059 年，帕拉克拉马一世在 12 世纪所建造的神话般的花园宫殿，是波隆纳鲁的主要遗址之一。整座宫殿为长方形，传说中的它原本共有七层楼，虽然如今的遗迹只剩下两层，但那恢宏的气势却依旧没有被时间夺走。走出宫殿，南部的皇室浴池被打造成了 8 瓣花瓣的莲花造型，名叫鸠摩罗池，而浴池的旁边则是一座皇室阁楼，来到月亮形状的台阶旁，看着青石雕刻的雄狮，废墟中一根根交错的柱子不禁让人开始了对古老故事的华丽想象。

世界尽头之美，品位红茶的芳香

生活在这片世外桃源中的斯里兰卡人是聪慧的，他们征服了高山巨石，修建了惊人的建筑，甚至也巧妙地利用着每一寸土壤所带来的恩赐。努沃勒埃利耶，斯里兰卡的“小伦敦”，如同一幅优雅宁静的山水画卷，一个田园风情的岛中仙境。坐上小火车，穿越在这片蓝天绿草的天然牧场中，看着棕色的小鹿在草地里跟随母亲活蹦乱跳，五彩的鲜花摇曳在蓝天之下。

正在采摘茶叶的茶农，露出她们最淳朴的笑容，让人备感亲切。

走在小城中，房屋几乎都是洁白的，三五成群地修建在一片片草地上，阳光下散发着温柔的光，与天上的云交形成了相辉映的风景。这里虽然没有自然形成的水域，但人工修建的巨大湖泊也成为了这一缺陷最好的弥补，它安静悠扬，波纹随风而起，倒映着天空中展翅高飞的群鸟，点缀着这座美好城镇的田园风光。

均衡的降雨与充足的阳光为努沃勒埃利耶提供着完美的气候，而这也正是茶树生长的最佳条件。努沃勒埃利耶的每一座山坡几乎都是一片茂密的茶园，山脚的绿树都被一片片高低起伏的茶树所替代，从山顶俯视，翠绿的茶树几乎覆盖了整座山坡。下车走近茶园边，园内挽着袖子，辛劳采茶的人们个个都面带微笑，没有一丝疲倦与劳累，仿佛这片无尽的茶海也正是带给他们十足乐趣的绿色天地。阵阵微风中似乎夹杂着茶叶的飘香，令人早已忍不住想要伸手采摘，而这些茶也正是高贵无比的锡兰红茶。作为锡兰红茶的原产地，忙碌丰收的景象总是在努沃勒埃利耶的山头不断上演，而红茶的味道也正如这座优雅的城镇甘甜宜人。

住宿

·Lafala Hotel and Service Apartment Colombo（科伦坡拉法拉酒店）

地址：No.7，40th Lane，Wellawatte Colombo 06，Sri Lanka。

这是一间由中国人全资拥有的公寓酒店，是国人来斯里兰卡旅行，投资考察的首选。酒店距科伦坡班达奈克国际机场35公里，约40分钟车程，距市中心MajesticCity两公里，位于GalleRoad和MarineDrive之间，各约100米。

·Hilton Colombo hote（科伦坡希尔顿酒店）

地址：2 Sir Chittampalam A Gardiner Mw，Colombo 2，02，Sri Lanka。

科伦坡希尔顿酒店地处市中心，距班达拉奈克国际机场45分钟车程，酒店设有13间会议室、24小时商务中心及行政酒廊。

·Taj Samudra Colombo （科伦坡泰萨穆德拉酒店）

地址：25，Galle Face Center Road Colombo 03，Sri Lanka。

科伦坡泰萨穆德拉酒店是一家口碑极佳的科伦坡酒店，酒店专门为住客准备了乒乓球场、游泳池（儿童）、网球场、壁球场、健身中心等，可大大提升您对酒店的满意度。科伦坡泰萨穆德拉酒店是在科伦坡旅行休闲时的完美住宿选择。

从国内出发，北京到科伦布每周有三趟直飞航班。斯里兰卡航空也有从香港，曼谷以及新加坡飞往科伦布的固定航班。科伦布机场到达市中心约有 35 公里，拥有出租车（约 400 卢比）与机场班车服务。斯里兰卡市内有公共汽车与出租汽车可供选择，价格都较便宜。

交通

旅游 TIPS

1. 锡兰红茶分为全叶茶和碎叶茶两种，国人普遍爱好全叶茶，但是斯里兰卡比较普遍能买到的是碎叶茶，在努沃勒埃利耶的茶厂都可以免费品茶。

2. 而香料就是斯里兰卡闻名所在，从科伦坡到康提，漫山遍野都是绿色的茶园和飘香的香料园，最好的桂皮、丁香、胡椒和红辣椒等都可供游客欣赏购买。

3. 斯里兰卡租车每天约 500 元人民币左右，这个价格区间都可以接受，同时谈好司机的费用都包括哪些，人多的话分摊这笔费用就会很划算。

4. 寄回国内的明信片最快两个星期能够收到。可以多走走书店，许多小书店卖的明信片都比邮局卖的要好看，不过邮票的话只能在邮局购买。

5. 斯里兰卡人以大米为主食，喜食鸡肉，菜多放咖喱和辣椒，味道十分辛辣浓烈，若受不了辛辣的朋友一定要提前告知老板少放辣椒。

欧洲 Europe

美丽的东西
总是让人欣赏，
并愿一路追随，
哪怕天涯海角。

克里特岛

爱琴海上的神话王国

在希腊诸岛中，克里特岛似乎和其他岛屿有着本质的不同，它并不注重碧海蓝天的优雅，也不屑于白色房屋的浪漫。作为爱琴海中面积最大的岛屿，克里特岛一直有着“爱琴海皇冠”的美誉。它是希腊文化和欧洲文化的摇篮，几千年前，从这里生长出了瑰丽的古希腊神话。

登上克里特岛，历史的韵味迎面扑来，这里有米斯诺王朝的神话传说，有洒在古城与海面的酒色夕阳，有令人神清气爽的橄榄清香……

爱琴海北隅，诸神的后花园

相传在远古时期，众神之王宙斯化身公牛与腓尼基公主欧罗巴相恋，生下了米诺斯。此举触怒了天后赫拉，神便让米诺斯的王后与公牛相爱，生下了吃人怪兽米诺陶。为了隐藏米诺陶，米诺斯请希腊杰出的建筑师代达罗斯在克诺索斯宫修建了一座迷宫，并命令当时克里特的附属国雅典国王每 9 年送 7 对童男童女到克里特岛迷宫，以喂养米诺陶，这使得克里特人陷入恐怖的漩涡。因此，雅典王子忒修斯决心为民除患，他随童男童女们来到了克里特岛。在此，他遇见了克里特岛公主阿里阿得涅，两人一见倾心，阿里阿得涅赠予了他魔剑和线团。忒修斯用线团作为标记，穿过重重深门进入了迷宫，经过殊死搏斗，他用魔剑杀死了米诺陶，并循着标记安全地离开了迷宫。

这座希腊神话中的克诺索斯宫，深埋于地下三千余年而不见踪迹，世人以为这都是子虚乌有的传说。直到 1878 年，伊拉克里翁的考古学家在伊拉克里翁偶然发现了这座古城遗址。

酒色日落，为古城染上了一层红色轻纱，大海拖着这轮美丽的太阳，直到消失在地平线之下，然后开始沉睡。

走进克诺索斯王宫，浓厚的历史气息迎面扑来，仿佛穿越了时空，身临三千年前的米诺斯王朝。长方形的庭院矗立在中央，华丽庄严的国王宫殿、古朴典雅的王后寝殿、涂满了宗教色彩的双斧宫以及略显老旧的储藏室、仓库等都环抱在庭院四周。座座宫殿楼宇紧密连接，每一座都不对称，或因年深日久，些许已剥落了的浅黄色外墙，在阳光下露出了千年岁月走过的沧桑。深入各个宫殿之间，沿着已被人踏得光滑的层层阶梯，走上曲折的长廊，廊壁上一幅幅瑰丽多姿的壁画，美轮美奂。随走廊延伸而去，经过错落的厅堂、蜿蜒的复道，便算是真正地进入了“迷宫”。如果不放弃探索，继续往前，耐心地经过“千门白户”，曲折通达的梯道。最后进入王宫的顶层，方能一览整个宫殿的宏大，领略到它的迷幻色彩。

慢城，在爱琴海上细数时光

如果要了解克里特岛，那么首府伊拉克里翁不容错过，伊拉克里翁是克里特岛最大的城市。城里希腊式、罗马式、拜占庭式的建筑比比皆是，普遍以淡黄色调为主，它们沿爱琴海海岸线呈弧形相依而立，显得古朴而温馨。青石板铺就的古老街道，蜿蜒在建筑之间，民居的窗户、房门、阳台大多都被涂上了鲜艳的颜色，洁白的围墙里探出的一簇簇鲜花，使得城里城外弥漫着一股淡淡的花香。游人们在小巷间停停走走，漫不经心地钻进一家小店，又两手空空地出来。傍晚时分，悠然自得的古城开始显现出浪漫的色彩：当夕阳西陲，西方天幕泛着橘红的光，远处的山峦，近处的古老建筑乃至游人，都被笼罩上了一层红色轻纱，海水开始由碧蓝变成绛紫色，好像一大片醉人的葡萄酒。这便是爱琴海著名的“酒色日落”，千年的时光改变了太多东西，只有酒色日落，依旧是千年前的模样。

哈里亚也是一座经历了千年时光的古城，城中没有现代楼宇、没有刺耳的汽车喇叭催促声，没有人来人往的拥挤，只有满城的安宁与平静。城中充满拜占庭、奥斯曼土耳其、威尼斯风情的低矮房屋，鳞次栉比；生机勃勃的常春藤爬满了浅黄色的建筑外墙、窗台；条条老街蜿蜒在建筑之间，小巷里，敞开着门窗的居民屋、客人寥寥的餐店、优雅的小饰品店、飘着浓香的巧克力蛋糕店以及石头砌成的门洞和残墙错落其间。漫步其中，常常会看到这样的画面：一手扶着眼镜的中年男子，在屋檐下的木椅上半躺着，翻阅着手中的书，无比慵懒；偶尔在洒满阳光的巷子里穿梭的行人，不经意间就被某家小店吸引而去，不见了人影。有人说，“哈里亚老城的人类是全希腊最悠闲的一拨儿”，对此，也许去过的人会深表赞同。

山峰与峡谷，弥漫着橄榄枝的清香

生命如水，如果总是平静得没有一丝波澜，那么就需要丢入一颗石子来荡起涟漪。如果不想仅仅满足于厚重的历史或海景风情，那么横穿克里特岛上的撒玛利亚大峡谷，也许会给你带来来自生命和意志的深刻挑战。撒玛利亚大峡谷是欧洲最长的峡谷，长达 16 公里。这里是许多濒危物种的家园，克里特野山羊 Kri–kri 大多就只在存活在这里。坚硬的悬岩峭壁夹着崎岖的小道，蜿蜒伸进峡谷深处，一路沿着小道前进，会经过干涸的河床、或大或小的石头铺成的崎岖山路，以及清澈见底的浅浅河滩……徒步六七小时后，两侧的岩壁逐渐降低，美丽而震撼的海景就在眼前。此时此刻，一切辛苦都是值得的。

峡谷两侧的山脉和丘陵上生长着数不清的橄榄树，当你深入其间，橄榄枝的清香便会迎面扑来。希腊的橄榄油闻名世界，每年 10 月橄榄成熟，当地种植园的工人便会背着竹筐，驾着长梯爬上树摘取橄榄。这个时候，橄榄的香味便会越发浓郁，也许，这就是克里特岛的独有味道吧。

住宿

· **Panos Beach Hotel**

地址：Korai Street，Platanias Platanias，Crete Island，希腊。

明亮客房都配备空调、小厨房和电视。整间酒店都覆盖免费的无线网络连接。 酒店的海滩酒吧供应饮料、小吃和当地菜肴。酒店可以提供日光躺椅和海滩遮阳伞。

· **Atrion Hotel(亚特瑞恩酒店)**

地址：9 I.Chronaki Street，Heraklio Town。

酒店几步之外便是 Heraklion 热闹的街道。部分客房享有克里特海美景。可享有包含多种冷菜和热菜的丰盛自助早餐，开始一天的生活。内庭院是品尝傍晚鸡尾酒的理想选择。历史悠久的伊拉克利翁博物馆距离酒店不到 150 米。

· **Paradise Apartments**

地址：Palaiokastritsa，Paleokastritsa 49083，Greece。

酒店距离沙滩有 500 米，每间空调公寓都设有一个可欣赏游泳池或花园景色的阳台和带迷你冰箱的小厨房。 酒店每天早上提供欧陆式早餐。白天可以在游泳池畔放松并享受酒吧提供的清凉饮料、鸡尾酒或小吃。

多数游客都是通过雅典国际航空的奥林匹克航线到达克利特岛的干尼亚市机场。希腊航线、爱琴海航线也可以提供到达航班，然后可乘坐 KTEL 公交或出租车到达克里特岛市中心。

克里特岛的主要交通工具为 KTEL 公交，它们在各主要城市之间有许多班次，而从大城市至小城市之间又会至少往返两次，服务时间从 05：30—20：30。

交通

旅游 TIPS

1. 克里特岛夏季炎热、干燥，注意携带防晒品。

2. 克里特岛比中国晚 6 小时，夏令时期间（每年 3 月最后一个星期日到 10 月最后一个星期日）比中国晚 5 小时，如希腊夏令时早上 6 点，北京时间为上午 11 点。

3. 克里特岛与国内一样，靠右行驶，过马路请遵守交通规则，保护自身安全。

4. 克里特岛的公共电、汽车需乘车前买票，书报亭和车站有卖。

5. 克里特岛的公用电话很方便，分卡式和投币电话，在报亭可以买到电话卡。

6. 克里特岛的葡萄酒、爱琴海的天然海绵都是很好的购物选择。

7. 在餐厅消费，服务费已经包括在账单中，但是习惯上还是要留下少量小费。一般在酒店、餐馆付 1~2 欧元的小费即可。

法罗群岛

灵魂栖居的驿站，最宁静的北欧港湾

每个人心中都有一座天堂：那里没有密集的高楼大厦、没有交织如网的街道，没有熙熙攘攘的人群，有的只是宁静祥和的乡村、蜿蜒柔美的峡湾、延绵起伏的山峦、悠然自若的可爱动物……如果真的有天堂，一定是法罗，如果没有，法罗也是最接近它的地方。

法罗群岛是丹麦的海外自治领地，由18座小岛和岩礁组成，如同一块块巨大的玛瑙绿点缀在浩瀚的挪威海和北大西洋中间。法罗群岛面积仅1399平方公里，这座小小的岛屿，曾在《国家地理》旅游杂志的世界最佳旅游岛屿评选中名列榜首。关于它的美，需要用心去慢慢感受，用脚丈量。

逃离喧嚣，北冰洋上的乡村风情

说起海岛，人们的脑海中似乎总会浮现沙滩、棕榈和喧嚣的人群，然而这一切，和法罗是无关的。这座偏居北欧一隅的静谧小岛，在数不清的岁月中早已养成遗世独立的个性，或许只有安静的小城、教堂、渔村与大片的牧场，才能诠释这一切。

托尔斯港是法罗群岛的首府，位于岛屿南部，这座小城如同一个轻快明丽的童话王国，绿顶的平房和红、白、黄相间石木小楼错落有致地排列着，掩映在蓝天碧草间。港口处，一艘艘蓝白色的船舶相互依偎，慵懒地等待着主人出航。每天清晨，渔民们相约出海捕捞三文鱼，当金色的阳光洒满海面时，就一定会有收获。比起烟熏和烤制，他们更偏爱原始的吃法：将三文鱼洗净，去鳃去鳞，用小刀切成薄片，就着冰啤大快朵颐。北冰洋的寒冷海水孕育了全世界滋味最佳的三文鱼，而这，只有在法罗群岛才享受得到。

绵延起伏的山丘、宁静祥和的海港是法罗的主基调，在这里重获心灵的清透。

比起托尔斯港的静谧安详，位于法罗群岛西北边，北大西洋悬崖之上的戈萨达鲁尔村，则更像一处人间仙境。戈萨达鲁尔村是法罗群岛最后一个通公路的乡村，被连绵的青山和闪着粼粼波光的湖泊温柔拥抱。村中多是历经无数风霜的老房子，茅草制成的房顶，简约素净的白色石墙，让得整个村落显得越发淳朴。除了放牧和种植简单的农作物外，戈萨达鲁尔村的村民也是天生的渔夫，每天清晨便会驾着小船出海捕鱼，直到暮色渐浓，村里点点灯光闪烁，柴米油盐的味道飘散开来的时候，才会满载而归。陶渊明笔下的桃花源，或许也不过如此吧？

山丘，海岛上的田园牧歌

法罗群岛山脉绵延，一座座山峦共同组成了岛屿的脊梁，在蓝天碧海中蜿蜒起伏。在托尔斯港海岸仰望，斯特罗莫岛的山峦如骆驼峰背，山峦上那一袭绿色外衣，看上去柔软而有生气。一条条公路像白色的长丝带，妖娆柔美地环绕在山峦的脚下。这片绿色山丘，是斯特罗莫岛上动物们的天堂，黑白的羊群，无拘无束地散布在山丘上。不仅如此，就连山峦中的公路上也很少有人，所能看到就是动物，除了绵羊群，毛茸茸的小水鸭和美丽纯白的天鹅，它们慵懒地走在路上，即使看见车或人向他们逼近，也依旧在马路上闲庭信步。

法罗的山峦柔和温婉，在这温情的后面，也掩藏着它的锋芒。位于法罗群岛的大迪门岛南部的小迪门岛，岛上绝大多数区域被陡峭而高耸的峭壁所环绕，难以攀登。岛上至今只有少量的野生绵羊和海鸟，无人居住。然而，险象环生的小迪门岛却拥有得天独厚的自然景象，因其处于大西洋暖流和格林兰寒流交汇处，锋锐的山顶，大多云蒸雾罩，看上去山顶上的白云有时像一顶毛茸茸的白色帽子，有时像氤氲着水雾的流水，有时像一面巨大的瀑布……壮美多姿的小迪门岛，也时常吸引着世界各地摄影爱好者远道而来，将它的绝美带回大陆，让更多人知道。

山峦的美丽并不止于此，位于法罗群岛最东边的弗格洛伊岛，那里的居民不足 100 人。在这座岛上的峭壁上，无数的鸟儿在此筑巢，也有一些海鸥飞至此，并安家落户。因此，弗格洛伊岛也被称为“鸟岛”。当众鸟倾巢而出，齐飞向天空，若是有幸看到这样的景象，也许让你真的以为身在鸟的天堂。

峡湾，法罗群岛最婉约的一面

法罗群岛的地形多崎岖，高耸的山峦怀抱着一个个曲美的峡湾。在沃格岛的南边，有一条穿过整座岛屿三分之一的峡湾。它没有与海相连，孤独而又无比温馨地在沃格岛怀抱之中。曲折绵长的海湾里，水净如明镜，蔚蓝的海平面上只有闲云飘过。两岸绵延的山峦脚下，一

座座白色的小房子为宁静无波的海湾增添了几分生气。当温暖的阳光照射下来，洒在海面上，泛起粼粼波光，映寸在蓝天下，美轮美奂。

浩瀚博大的太平洋，它毫不吝惜地将自己的一点一滴都注入每一处能流去的地方。位于托尔斯港东北部的厄斯特岛，也形成了几条或短或长、或曲或直的峡湾。从厄斯特岛的托夫蒂尔海港出发，这条最长的峡湾蜿蜒至了厄斯特岛的中心，这里山峦气势宏伟，即使风高浪急的海水咆哮而来，进入峡湾内，也会收敛烦躁的心潮，变得风平浪静。海湾两岸上起伏的山峦，绿草氤氲，不时从山间流出一条白色的小瀑布，安静无私地汇入海湾，也有的瀑布从峭壁悬崖上悬空坠下，落入海湾湖面，激起层层浪花。在没有游船经过峡湾的时候，峡湾的水面上几乎没有任何波浪。偶尔从天空缓缓飘过的朵朵浮云，也清晰地映照在湖面上，呈现出一片片宁静与祥和。

每个国家都有它的喧嚣繁华，也有它的宁静淳朴。然而，法罗群岛似乎是一个例外，这里的一切都显得那么宁静、安详。曲折绵长的海岸线上，色彩缤纷的城市房屋，与世无争的村庄，以及高低起伏的山峦，构成了一幅山水相融的山水画。然而，提起法罗群岛，绝大多数听者也许从未听闻。对于他们而言，不知道它的存在，似乎有一些遗憾。然而，对于法罗来说，没有趋之若鹜的游客，它其实并不会失落，正因为此，它拥有的那份少有的安宁祥和，才能保持到永恒。

处于北大夕阳悬崖之上的戈萨达鲁尔村犹如一处世外净地，洗净人间铅华。

住宿

· Hotel Streym（斯特瑞姆酒店）

地址：Yviri Við Strond 19，FO 110 托尔斯港，法罗群岛。

斯特瑞姆酒店距离 Torshavn 渡船码头有 350 米，酒店每间明亮而通风的客房都设有带暖气地板的私人卧室。提供免费无线网络连接，有卫星电视、办公桌和时尚的扶手椅。部分房间也享有海景，可以在设有平面电视的公共舒适休息室享用免费热饮，放松休息。

· Hotel Froyar（佛洛雅酒店）

地址：Oyggjarvegur，100 托尔斯港，法罗群岛。

酒店设有天然茅草屋顶，优雅宁静的风格与周围的绿色乡村融为一体。客房色调沉静且明亮，所有客房都配备有线和卫星电视频道。酒店的美食餐厅 Koks 供应法罗群岛的传统美食以及国际佳肴。可以欣赏到峡湾、城市以及周边青葱草木的全景。

· Pakkhú sid Apartments（巴库希德公寓酒店）

地址：Ùtiá stød1，370 Miðvágur，法罗群岛。

公寓位于沃格岛的 Midvágur 村庄内，距离托尔斯港有 40 公里。这里提供免费无线网络连接、炉灶、微波炉、沏茶/咖啡设施等，可看峡湾的景致。酒店可以安排客人乘船游览和钓鱼，骑马和远足是周边地区的热门活动。

目前，法罗群岛与中国没有直航，必须经丹麦转机。到法罗群岛的最佳航线为乘坐北欧航空公司航班从北京—丹麦首都哥本哈根，飞行时间需 9 小时左右。之后转乘大西洋航空公司航班从哥本哈根—法罗群岛的瓦格尔机场，飞行时间约 2.5 小时。从机场可以乘坐 300 路大巴到托尔斯港，大约 50 分钟，90 克朗。

交通

旅游 TIPS

1. 中国居民去法罗群岛个人旅游必须到丹麦驻华大使馆申请加盖有“法罗群岛有效”的申根签证，普通的申根签证是不允许进入法罗群岛的。如果在北京，可到丹麦使馆签证中心申请签证，一般 7~10 个工作日就可拿到。上海等其他大城市的丹麦领事馆也受理当地居民的签证申请。

2. 不论在什么季节去北欧，一定要多带几件衣服。因为法罗群岛的气候比较复杂，有时两天内气温可以相差 10℃以上，而且在当地买衣服也很贵。

3. 法罗群岛地方比较偏僻，网络覆盖率较低，比较大的酒店才会有网络。

4. 法罗群岛，比北京时间晚 7 小时，注意把握时差。

5. 大多饭店房间内的酒水都非常昂贵，如不饮用请不要移动，以免酒店电脑自动记账。

马耳他

地中海的心脏，落满沧桑的古老城池

有一位诗人曾说：“我想去地中海的心脏——马耳他，据说是全球最幸福的地方，有一种让人喘不过气的迷人气息。”事实的确如此，马耳他位于地中海中部，与意大利的西西里岛隔海相望。古朴沧桑的老城、安乐宁静的渔村、奇异幽深的岩洞、遗世独立的无人岛……一切都是那么令人沉醉，走走停停之间，马耳他的一城一池、一岛一海，逐渐深深浅浅地映刻在心底，任时间绵长，也不会从心上抹去。

古城，历史在这里沉静

自古以来，马耳他就是地中海重要的战略要地，一直被人称为“地中海的心脏”。在数不清的岁月中，马耳他曾陆续被多个民族占领，经历了500多年历史的古城瓦莱塔，就是战争风云的最好见证。

1565年，马耳他在圣约翰骑士团第六任首领拉·瓦莱特的领导下，取得了针对奥斯曼民族的“大围攻”战役的重大胜利。当时的马耳他已是一片废墟，为抵御土耳其人的再次入侵，瓦莱塔用了5年时间，在马耳他岛的东北端建立起了一座新都——瓦特塔。瓦特塔是一座生活在“保护”中的城市，坚固而巨大的石头城墙把整座城牢牢的包围住，棋盘般横平竖直的街道穿城而过，古老的门楼屹立在每个方向。布满弹坑的淡黄色城墙，以及满城角落矗立着的铁炮，好像战争不曾走远过。然而，古旧的石头房子，精致的小木门窗，还有端坐在门沿边静静看报的老人，这一切，又那么安宁祥和，似乎从未经历过战争的痛苦。

和瓦莱塔一样，位于马耳他岛中西部地区的姆迪纳古城，同样守护着马耳他走过了如许

背靠青山，前临大海的大力水手村，不知带给多少人快乐的童年回忆。

多年的岁月。姆迪纳以静谧到能够听见风声而闻名，走进这座“静都”，遍地的雨花石把脚掌硌得阵阵酥麻。阿拉伯风情的建筑鳞次栉比，网状式的狭窄街道铺满在建筑之间。繁芜的藤蔓植物爬满了建筑表面，古老沧桑的楼宇、门窗上涂满了火热奔放的绛红。马耳他最古老的教堂——圣保罗主教堂，矗立在满城绛红的颜色中，尤为庄严肃穆，这也更使姆迪纳静谧得有些孤零。若不是城中走着零零散散的游客，若不是挨家挨户窗台上向阳盛开着的鲜花，真的以为是一座无人空城。漫步在蜿蜒的小巷中，有一种恍若隔世之感。原来，生活可以这般宁静，宠辱不惊。

渔村，珍藏着的快乐与安宁

“我很强壮，我爱吃菠菜，我是大力水手波派”，还记得这充满了童年记忆的声音吗？在马耳他本岛西北端的背山海湾，有一个名为斯维特哈文渔村的童话村庄，珍藏着所有有关波派的回忆。1980 年，一批摄制组的年轻工作者为了拍摄大力水手的真人版动画片，来此建立了这个村庄，如今，人们也亲切地称渔村为“大力水手村”。这片完全用木料修建起的房屋，造型奇特、色彩斑驳柔和，一座座高高矮矮的房屋错落有致，看上去却有摇摇欲坠的感觉。在村子里，总能看到扮演“波派”的人，大摇大摆地从身边走过，嘴里叼着那个不会冒烟的烟斗。饿了时，可以在税收酒吧享受一次“水手套餐”，经典的菜肴就是菠菜罐头。有的游客一扬手一抬头就灌下一罐“菠菜”，然后撸起袖子鼓起肱二头肌，引得周围其他人笑声连连。

“酒香不怕巷子深”的老话，在马耳他永远不过时。位于马耳他东南部谷地的马尔萨什洛克渔村，尽管路途遥远，却吸引着游客纷纷前往。这里没有太多被开发的痕迹，仍保留着马耳他最原始的村庄景致和生活方式。静悄悄的码头百无聊赖，一股淡淡的乡土气息弥漫着整个渔村。一艘艘名为“鲁祖”的渔船，密密麻麻地泊在望不到边际的海湾里，年长的渔夫站在代代相传的渔船上，悉心地涂抹着受损的船体色彩。当夜幕降临，袅袅炊烟便会为渔村染上淡淡的温馨色彩，勇敢地敲开渔民的家门吧，他们会热情地将你迎进家中，用最美味的海鲜招待你。

遥首相望的蓝洞与丁力悬崖，在海洋之中，各自展现着精彩。

岩洞悬崖，涌动着剔透的水蓝

在马耳他岛的西南部海域，有着无数的断崖奇峰和水下岩洞。蓝洞，就是岩洞群中最为著名的。由于蓝洞身处断崖下，且远离陆地，想要亲临蓝洞，一探它的神奇面貌，最宜乘坐游艇。游艇激情驶过，山峰顶处徒步的游客也会像很久未见的朋友，欢呼雀跃地冲这边挥手示意。随着游艇靠近蓝洞的时候，海水逐渐变得晶莹剔透，颜色也呈现出迷人的碧蓝。阳光从蓝洞之上的山峰缝隙直射下来，照射着水下繁盛的植物，透出美丽的“磷光”，有一种无法形容的灵动和鲜活。还有水下那清晰可见的珊瑚岩石，犹如绽放的花丛，异彩纷呈。

蓝洞不远处，就是丁里悬崖。丁里悬崖是马耳他岛的最高点，海拔约253米。陡峭的山壁，宏伟的古老建筑，蜿蜒曲折的羊肠小道，荒废的战壕，似乎在讲述着曾经的往事。站在悬崖上，浩淼的地中海跃入眼帘，从海面吹来的海风，似乎仍旧带着几百年前的古老气息。丁里悬崖是观赏日落的最好地点，日落时分，安静地坐在悬崖上，看余晖洒在浩浩汤汤的海面上，是那么浪漫温馨。

无人岛，重获焕然一新的生活

马耳他由五座岛屿组成，除了马耳他岛、戈佐、科米诺有人居住，科米诺托和菲尔夫拉岛都是无人岛。其实，今日美丽的科米诺岛的前身也是一座无人岛。科米诺岛是一个只有3.5平方公里的袖珍海岛，位于马耳他岛和戈佐岛之间。历史上，科米诺岛的陆地多为石灰岩，除了零星的杂草在此顽强地生活，这里几乎是一块不毛之地，长达几百年的时间里，都无人在此生活。然而，若干年后的今天，全岛已拥有勃勃的生命力，游艇、渡轮把一波波的游客纷纷送往岛上，享受着这里的安逸。也许，是科米诺岛那一汪海水的缘故吧。

科米诺岛的海水是难得一见的蓝绿色，清澈到可以直视到底，没有一丝杂质。海上驶过一艘艘的游船时，迷人的蓝色便会在太阳光的照射下现出重重倒影，倒影下的海水就会由浅蓝变为深蓝。这里的游客从不会大声说话，即便人再多，也只能听到如同歌谣一般舒缓优美的海浪声。来到岛上，多数游客一动不动地躺在遮阳伞下打着盹，也有按捺不住激情的人，从船舷上蹦进海里，像鱼一样畅游，或是吃着冰激凌的游客，慢悠悠地走在巨石码头迎着海风欣赏着海景……

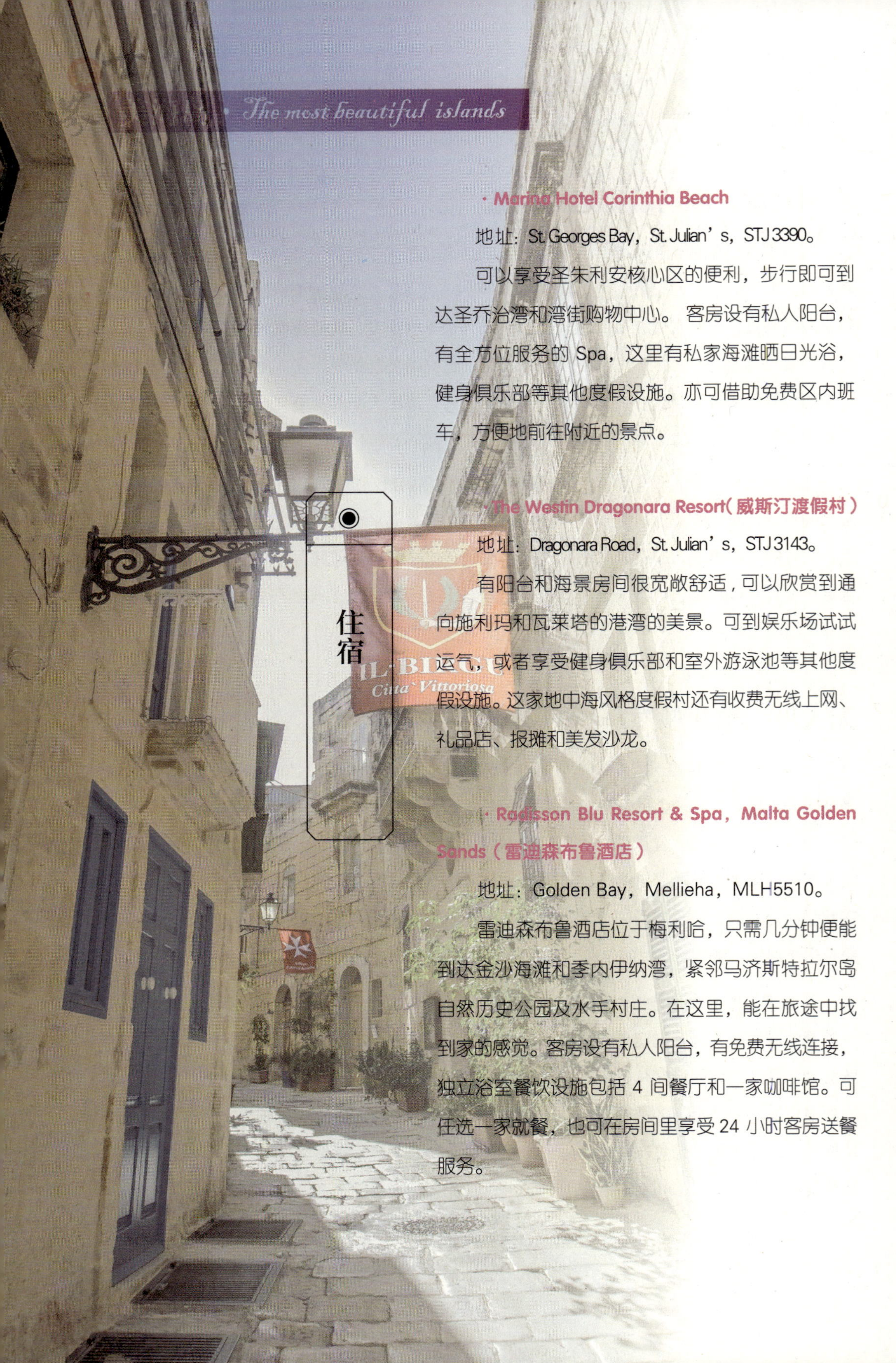

住宿

· Marina Hotel Corinthia Beach

地址：St. Georges Bay，St. Julian's，STJ 3390。

可以享受圣朱利安核心区的便利，步行即可到达圣乔治湾和湾街购物中心。客房设有私人阳台，有全方位服务的 Spa，这里有私家海滩晒日光浴，健身俱乐部等其他度假设施。亦可借助免费区内班车，方便地前往附近的景点。

· The Westin Dragonara Resort（威斯汀渡假村）

地址：Dragonara Road，St. Julian's，STJ 3143。

有阳台和海景房间很宽敞舒适，可以欣赏到通向施利玛和瓦莱塔的港湾的美景。可到娱乐场试试运气，或者享受健身俱乐部和室外游泳池等其他度假设施。这家地中海风格度假村还有收费无线上网、礼品店、报摊和美发沙龙。

· Radisson Blu Resort & Spa，Malta Golden Sands（雷迪森布鲁酒店）

地址：Golden Bay，Mellieha，MLH5510。

雷迪森布鲁酒店位于梅利哈，只需几分钟便能到达金沙海滩和季内伊纳湾，紧邻马济斯特拉尔岛自然历史公园及水手村庄。在这里，能在旅途中找到家的感觉。客房设有私人阳台，有免费无线连接，独立浴室餐饮设施包括 4 间餐厅和一家咖啡馆。可任选一家就餐，也可在房间里享受 24 小时客房送餐服务。

交通

目前，从国内没有直达马耳他的航空公司，转机航班也不多，如果是从国内直接前往马耳他，性价比不高，可操作度较低，但在欧洲境内有大量航空公司特别是很多廉航公司都经营从欧洲各大城市飞往马耳他的线路，因此，建议将马耳他与其他欧洲景点连起来，组成一条欧洲大城市加海岛休闲游的完美行程。

岛内没有火车，也没有地铁，公交是最为常见的出行方式，马耳他机场有连接瓦莱塔市区和岛上其他地区的机场公交线路，这些线路大多以 X 开头，机场大厅有公交售票处。

旅游 TIPS

1. 当地夏季炎热干燥，日照强烈。建议带太阳镜、太阳帽、防晒油以及防止蚊虫叮咬药物。

2. 马耳他自 2008 年起开始使用欧元作为唯一货币币种，在城市的中心地区，设置有自动兑换机，可以 24 小时进行美元、欧元等货币的兑换。

3. 95% 以上的马耳他人信奉天主教，十分虔诚，去马耳他的游客须注意尊重当地人的宗教信仰，不妄加评判。

4. 夏日游泳时须防海蜇。

5. 马耳他的插座为三孔英标插座，国内的插头不能正常使用，必须使用插头转换器。插头转换器在马耳他随处都可以买到，也可以在国内大型商店购买，很多旅馆也备有插头借给客人。

6. 马耳他很多商店都有午休的习惯，营业时间大约是从上午 9 点到下午 1 点，然后开始午休，午休结束后从下午 4 点营业到晚上 7 点。

斯瓦尔巴德群岛

北冰洋上散发着的生命余温

铺开交织着密集网线的世界地图，在左上顶端，斯瓦尔巴群岛就像一朵浮萍，飘在北冰洋之上，巴伦支海和格陵兰海之间。

斯瓦尔巴德意为“寒冷海岸”，白色的冰原和起伏的冰川是斯瓦尔巴德的常态，即便阳光洒满全岛，温暖的日子也很奢侈。寒来暑往，斯瓦尔巴德以最纯静、冷艳的姿态呈现在世人面前，慷慨地向每一位来此的人展露着独属于自己的纯洁和美丽：绝尘宁静的冰雪小城、连呼吸都优美的生灵世界、绮丽壮阔的千年冰川……

世界最北端的小城，洗礼着冰雪

“我想在这里生下孩子，有个极地宝宝的感觉一定很美妙。”这是一个即将为人母的女子下车时，深情款款地对丈夫说的第一句话。他们所来到的城市，就是世界上人类可居住的最北端小城——朗伊尔宾。朗伊尔宾是挪威斯瓦尔巴群岛的首府，虽然如此，朗伊尔宾却更像是一个小镇，镇上没有原著居民，全城居民来自四十多个国家，超市收银台人员可能是乌拉圭人，旷工餐馆侍者可能是斯里兰卡人，北极大学的教师可能是美国人，当然，这里最多的还是挪威人，因此被人们戏称为“小联合国”。

镇上仅有的一条公路，把色彩斑斓的简易平房分离在两边，积雪覆盖下的彩色房屋，蓝如宝石。街上少有的行人多是游客，好奇地打量着身处的世界。小镇四面，绵延着优美的山体线条，起伏的青山峰顶，终年千里冰封。每当极夜来临，居民们的生活节奏完全慢下来，他们拥有大把大把的时间聚会、聊天、读书，小城进入“休眠”模式。直到阳春季节亲临朗

生活在斯瓦尔巴德群岛的北极动物，永远守护着这片被冰雪洗礼的大地。

伊尔宾时，为期一周的欢庆太阳回来的节日，便为小镇重新带来了活力。随着 4 月极昼的开始，趁冰面尚未完全解冻，人们也跨门而出，开着雪地摩托或是徒步冰原。6 月的欧洲已经夏日炎炎，但朗伊尔宾随处可见的仍是皑皑白雪……春夏秋冬，来到这里的人们都享受着冰天雪地的幸福，漫长的极夜、凛冽的寒风都不是他们想要离开的理由。

寻找“原住民”的倩影

在斯瓦尔巴德，原住民不仅仅指人，北极熊、北极狐、海象、海豹等北极动物都是这里的常住居民。每当漂泊在北冰洋上的斯瓦尔巴群岛迎来了春天，斯瓦尔巴的最大岛屿——斯皮茨卑尔根岛上的动物们也开始为生活奔忙起来。清晨，刚从冬眠醒来的北极熊成群结队地从洞穴里慢慢悠悠地走出来，为寻找各自的美味四散而去。一群躺在灰色海滩上懒洋洋休憩的海象就是北极熊们最心仪的午餐。“既狡猾又傻傻的”北极熊以为躺着的海象看不到自己，一边小心翼翼地从远处慢慢逼近，触不及防地冲过去。怎料，带着一丝恐慌的海象们，拖着笨重的身体纵身一跃，跳入了海里。然而，拥有一双锐利眼睛的北极狐似乎在嘲笑着北极熊的笨拙和傻气，敏捷地窜行在凌乱的岩石草丛间，嘴上叼着一直还在挣扎的小旅鼠，惬意地躺下享受美食。在这些充满着“敌意”的动物之中，只有驯鹿最为淳朴温驯，它们喜欢徜徉在绿幽幽的山坡上，悠闲地嚼着青草和树叶，或是扒开未融化的积雪寻找地衣和苔藓吃。不时抬头看看头顶上飞翔的燕鸥，俯冲向栖息着成千上万只鸟儿的岩壁。若是走遍整个岛屿，你会发现，岛上的这些“原住居民”的倩影，也是一道独特的美丽风景。

探寻峡湾秘境

海湾是斯瓦巴尔德的魂灵，这里的每一个海湾都深藏着一段段精心动魄的探险故事。早在四百多年前，英国探险家乔纳斯·布尔曾来到这里，并带回了一支驯鹿角。此后，无数水手和冒险家追随着他的足迹来此。位于斯皮茨卑尔根岛西北海岸的马格达莱纳峡湾，是水手和探险家们心醉神迷的峡湾之一。整个海湾在冰川、雪山间蜿蜒数里，一直延伸到峡湾陡峭崎岖的山峰。每当夏季来临，云雾氤氲的雪山积雪在消失，露出黑色的山体，仿佛一个灰色的忧

冰雪融化，露出真实的山体，与透蓝的峡湾冰水，组合成一幅风光绝美的山水画。

郁世界。峡湾中有一座名为 Gravneset 的半岛，在 17 世纪，曾有一艘荷兰捕鲸船在这里触礁沉没，岛上共百余处大大小小的坟茔，散发着丝丝阴森的气息。然而，这依然挡不住游人的热情，他们在半岛上肆意闲逛，甚至会猛地扎进海里，进行一次刻骨铭心的北极冬泳。

同在斯皮茨卑尔根北部的盖朗厄尔峡湾，是斯瓦巴尔峡湾中最为美丽神秘的一处。狭长的海面向内陆地延伸 20 多公里，群峰却在明丽的天空下尽显雄姿，周围遍布着幽深的丛林和苍翠的农田，美丽的景色吸引着无数摄影师，他们扛着笨重的器材来此，只为“扫描”沿途两岸的旖旎风光。峡湾两侧是高耸曲折的岩壁，岩壁上点缀着许多水流，这些水流从陡峭的岩壁冒出来，形成一条条小瀑布，直泻入峡湾，溅起千层浪花。相对于马格达莱纳峡湾，盖朗厄尔似乎多了些诗情画意。

鬼斧神工的冰川之美

当看够了别处的风景，是否会心生进入冰川世界的夙愿？当你来到了斯瓦尔巴德岛，只要愿意随着摩托艇去劈风斩浪，欣赏摩纳哥冰川的大美，进入冰川世界的夙愿，就不再遥远。

摩纳哥冰川位于斯匹次卑尔根岛，因 20 世纪 80 年代摩纳哥王子艾尔伯特二世来此地探险而得名。这是一座矗立着三冠般山峰的庞大冰川，蓝色的冰幕约 6 公里宽，高 30~60 米，犹如一道围墙，将山峰与大海隔开。越接近冰川，海面上的浮冰越多，一块块幽蓝的浮冰悄无声息地从面前飘过，发出幽幽的蓝色荧光。细微的“呲呲 ”声从蓝色的冰川上传来，接着一块块冰从巨大的冰幕上坠下，扑簌簌落入茫茫海中。偶尔一两只海鸟在晶莹剔透的浮冰上盘旋，时而落下，一边扇着翅膀，一边偏着脑袋探视着周围。在千年万年形成的蓝冰后面，耸立着的绵绵雪山，宛若一幅水墨画。微白的阳光拨开厚厚的云层，直射下来，扑打在人身上，如梦如幻。

冰川大多只能远观，因为他们的美丽潜藏着对生命的威胁。然而，斯瓦巴尔著名的 14 号冰川似乎温柔很多，可供人徒步丈量。14 号冰川位于朱利布卡峡湾，巨大的冰面绵延 3 公里长。行走在冰川上，可以看见一个个鸟窝像天然形成的陷阱布满在冰面上。因为这里有一块巨大的鸟岩，栖息着种类繁多的鸟儿。三趾鸥、普通海鸠和暴雪鹱把这里视为它们的天堂，海鹦和粉脚雁则将它们的巢偏安在鸟岩下面。当人走进，白颊黑的雁群脱离岩壁，齐飞在冰天上空，发出微微的嘶鸣声。当人远离后，慢慢又散落在一块块幽蓝色的浮冰上，打量着眼前的不速之客。

住宿

· Spitsbergen Guesthouse（斯匹次卑尔根宾馆）

地址：Longyearbyen，朗伊尔城，挪威。

Spitsbergen Guesthouse 旅馆距离朗伊尔城镇中心有 20 分钟的步行路程。客人可以选择入住带私人或共用浴室的客房。部分客房能欣赏山景，或设有一间小厨房。前台提供无线网络连接、客用电脑和小吃店。也可为您安排雪地摩托之旅、狗拉雪橇和冰川行走等活动。

· Basecamp Trapper’s Hotel（芭瑟卡玛普塔普尔酒店）

地址：Longyearbyen，朗伊尔城，挪威。

Basecamp Trapper’s Hotel 酒店距离朗伊尔机场有 15 分钟车程，机场大巴就停靠在酒店外。酒店提供免费停车场以及带私人浴室的小屋风格客房，酒店的客房装饰各异，提供浮木家具、毛皮毯和免费无线网络连接。Cognac Attic 阁楼设有电视和玻璃天花板，可供客人在舒适的酒店内观赏著名的午夜阳光或北极光。

· Mary-Ann’s Polarrigg（玛丽安波拉里格酒店）

地址：Longyearbyen，朗伊尔城，挪威。

酒店位于朗伊尔城的 Skjringa 区，提供 Spa 设施以及带共用或私人浴室的客房，距离朗伊尔城中心有 4 分钟步行路程。酒店的大多数客房配有沙发、迷你吧和办公桌。部分客房提供 Spa 浴缸、浴袍和拖鞋。Vinterhagen 餐厅为客人供应北极风味的美食和泰国风味菜肴。每天可以在全天营业的 Peisen 酒吧享用清凉饮品。工作人员也可安排雪上摩托车之旅、冰洞之旅，客人在途中可能会观赏到北极熊。

交通

去往斯瓦尔巴德群岛的朗伊尔城必然要经过 Tromso，每天大概有 1~2 班 SAS 航空公司的航班直飞朗伊尔城。从奥斯陆也可以飞往朗伊尔城，但是航班依然会在 Tromso 停留载客再飞行。

市内主要交通工具为大巴、 摩托车。因为地方很小，打出租也不是很贵。

旅游 TIPS

1. 要带上足以御寒的衣服，千万不要在途中，如下飞机时又忘了自己的羽绒服，不然你就要饱受寒冷之苦了。

2. 到这里旅游，你可选择每年的 3~5 月，因为这个时候这里的天气逐渐变暖，然后转入极昼时期。

3. 到斯瓦尔巴德群岛旅游，假如遇到白昼期，旅游必备中一定要准备眼罩。因为，这里四周都是雪，所有的地方都很亮，否则会睡不着觉。

美洲 America

想出发，
去这样一个地方，
为流逝的时间找回一点记忆，
为生命留下一段无由的情缘。

复活节岛

神秘的石像之乡，奇异的“鸟人”遗俗

1722 年 4 月 22 日，荷兰海军上将雅各布·罗格文的船队在前往秘鲁的途中，意外地发现了一座并未记录在海图中的岛屿。因为当天正好是复活节，所以罗格文便将小岛命名为“复活节岛”。这件事在当时并没有引起轰动，直到罗格文死后，人们才从他的航海日志中了解到：复活节岛并不是一座普通的岛屿，那里有着许多巨大而神秘的雕像，却没有人知道它们的来历……

时光流逝，无数航海家光临小岛后又离去，只有那几百尊雕像，仍一步不挪地守护着复活节岛。他们从何而来？是谁所刻？直至几百年后的今日，考古学家依然满腹疑思。谜底到底隐藏在哪里呢？是在那遍布时间刻痕的石像上，是在那漂浮着芦苇的火山湖里，还是在那古老原始的土著村落里……万千好奇的人，为此奔赴而来，寻寻觅觅。

静默石像，海岛的忠实守卫者

复活节岛由三座火山组成，位于智利 3 000 公里的海外，是一座面积约 117 平方公里的孤岛。然而令人惊异的是，这座孤岛却恰巧处在世界的中心，更为巧合的是，在没有精准测量工具的情况下，岛上土著拉帕努伊人却执意将自己的故乡称为“拉帕·努伊”，意为“地球的肚脐”。这是一个迷，然而更大的谜团，却是岛上那数百尊耸立着的巨型石像。

石像大多被整齐地排列在长方形石台上，拉帕努伊人称石台为“阿胡”，石像为“莫埃”。岛上所有的“莫埃”都没有双腿，仅有上半身，它们的表情或自信、或沉毅、或默然，深陷的眼窝里有的没有眼睛，有的却镶嵌上了黑曜石或闪光的贝壳。高挺的鼻梁下方，嘴唇微微

上翘，长长的下巴棱角分明。他们双臂贴腹，背向大海，像准备出征的武士。还有一些“莫埃”戴着红色的石帽，这可能代表着不同的身份地位。

位于阿胡通伽利基海边的 15 尊“莫埃”保存得最为完整，它们整齐划一地矗立在用卵石铺成的阿胡高台上，若有所思地背对着碧蓝的大海。它们的身上伤痕累累，历经沧桑的脸看上去有一丝凝重，还似乎透露着莫名的伤感与无奈，它们到底在守着怎样的秘密？

考古学家猜测，拉帕努伊人相信坚毅的岩石能够象征他们永恒不灭的神圣信仰，因此，约在公元 1 000 年前，他们开凿火山岩，用了六百年时间建造了八百多座巨石像。经过千年岁月的流逝，目前整座岛上的雕像仅剩一百五十余座，消失的六百余座雕像却不知踪迹。这个猜测目前仍有争议，也恰恰成为了复活节岛最吸引人的地方，无数海外游客或考古学家，不远万里漂洋过海而来，只为一探石像究竟。

矗立在阿胡通伽利基海边的 15 尊“莫埃”保存得最为完整。

拉诺卡乌火山湖里漂浮着清脆的美洲芦苇，当地人常采用这种芦苇制作生活用具，如草垫、篮子等。

火山与海滩，陪伴着“莫埃”的孤独

在这座遗世独立的小岛上，“莫埃”其实并不孤单。从阿胡通伽利基平地拔地而起的拉诺卡乌火山，在千年间与“莫埃”相依作伴。拉诺卡乌火山口是复活节岛最大的火山口，面向大海一侧的火山边沿因长年风雨的侵蚀，已经出现了巨大的缺口，从缺口向内望去，一个巨大的湖泊映入眼帘，青翠的美洲芦苇密集地漂浮在水面，偶尔露出的缝隙中，幽蓝的湖水若隐若现。在目睹了拉诺卡乌火山口后，有一位诗人曾伤感地说道：这悲伤的湖泊啊，盛满了一湖“莫埃”的孤独……

有悲伤，就有欢乐。拉诺卡乌火山口是或许是忧伤的，但同样陪伴着石像的阿纳凯海滩却是欢快的。阿纳凯海滩位于拉诺卡乌火山口西南，是复活岛最美的海滩。长长的海滩宽阔浩远，似乎伸向了天的尽头。在随风摇曳的椰林树上，偶尔还能看到身手矫健的拉帕努伊人徒手敏捷地爬上高高的椰子树摘取椰子。椰林中的小木棚边，海鲜烧烤的浓香吸引着人群簇拥一旁，不知是哪家的小狗也抬头望着，馋涎欲滴。如果想要潜水，便可踏着细软的白色沙滩走向海中，任海水渐渐淹没身体，然后像一只鱼一样畅游其中。累了便可回到岸上，躺在椰林树下发呆晒太阳，暂时让心中为“莫埃”生出的所有思绪，都随轻柔的海风进入一场美梦中。

宁静乡村，弥散着“鸟人”遗风

早在西方人未涉足之前，复活节岛的土著拉帕努伊人，就已经在这块土地上以捕鱼和种植甘薯为生了。即使小岛已走入世人的眼球200多年，拉帕努伊人习惯于赤裸着古铜色的身体，喜欢带着鸟羽做成的头冠，并热衷于在脸上涂抹斑斓的纹路。而颇有原始色彩的“鸟人节”，也得以为世人所知。

每年春回大地，拉帕努伊人便会挑选一个晴好的日子。在这一天，人们聚集在复活节岛西南的奥龙戈村海边，从每个部落里推选出一人。这个人便要顺崖下海，游到对岸的礁石上寻找鸟蛋。第一个找到鸟蛋的选手立即游回岛上，将蛋交给自己的首领，这个首领便成为当年的“鸟人”。由于两岸距离两公里远，鲨鱼经常在此出没，而且岸边是悬崖陡壁，稍不留意便会失足坠崖身亡，因此，这项奇异的活动在100多年前就停止了，然而，神圣的“鸟人”祭奠仪式仍然保留至今。在奥龙戈村海边高低起伏的岩石上，矗立着座座低矮错落的圆形石头小屋，这些石屋群就是当年比赛选手们休息的地方，墙上印刻的精美图案就是当年获胜的“鸟人”。所以人们也把奥龙戈村称为“鸟人”村。

“鸟人节”虽然不再，但每年二月来临，拉帕努伊人会举行“鸟人”飞行大赛。比赛当天，参赛人员带着自己设计制作的飞行器，从6米高的跑道“起飞”并跳入水中，“飞”出最远距离的人便是“鸟人”大赛冠军。

时光静悄悄流走，当昨日的无人小岛还躺在世界的肚脐里沉睡，转眼间，它已从容地对着世界微笑。这里沉淀着厚重的历史故事，弥散着淳朴的乡村遗风，蕴藏着世界上最难解的迷……它以这最简单质朴的方式，欢迎着全世界的游客。

住宿

· Hotel Rapa Nui（拉帕努伊岛酒店）

地址：Avareipua s/n，Hanga Roa，64。

酒店可以享受安加罗阿核心区的便利，紧邻 Ahu Tahai 及布埃乌日祭坛。客房备有加厚层卧床。客房设有私人阳台。可充分利用自行车租赁等度假设施，或者到屋顶露台和露台欣赏美景。

· Propiedades Vinapu

地址：Atamu Tekena S/N，Hanga Roa。

酒店位于安加罗阿的中心区，只需几分钟便能到达豌豆海滩和 Mercado Artesanal Municipal。该公寓酒店紧邻 Ana Kai Tangata 及布埃乌日祭坛。房内有加厚层卧床。客房设有私人阳台或露台。可免费无线上网，有 DVD 播放器等满足娱乐需求。可到屋顶露台和露台欣赏美景。也可借助收费海滩班车，去冲浪、享受沙滩。

· Mataveri Inn（马塔维里旅馆）

地址：Policarpo Toro s/n，Hanga Roa，2770000。

安加罗阿的马塔维里旅馆可直达机场，只需几分钟便能到达 Ana Kai Tangata，而且靠近豌豆海滩。该小屋紧邻 Mercado Artesanal Municipal 及拉奴卡乌。客房设有私人阳台。可到露台欣赏美景，可乘海滩班车，去冲浪、享受沙滩。并提供会议中心和会议室等特色服务。

对亚洲的游客来说，去复活节岛仅有两条路线选择，一条是从智利本土过去，另一条是从大溪地过去，目前大多数亚洲的游客都是取道大溪地抵达复活节岛。并且，飞机只有 LAN 的航空可以到达，每天从智利的首都圣地亚哥起飞到达复活节岛。

复活节岛上没有铺设铁路，因此以巴士与出租车为主要交通工具，为岛上居民以及游客提供便利，同时也提供租赁自行车的服务。

交通

旅游TIPS

1. 在智利可以找到各种档次的酒店，使用电压是 220 V，但是其自来水一般不宜饮用。

2. 中国已开通中国公民赴智利旅游的组团业务，参加团体游的旅客需要去智利驻上海总领事馆进行面试，申报的背景资料必须通过上海旅行社和中国相关政府部门的审核。

3. 气候：复活节岛全年下雨，年降水量 1 300 毫米。雨量最大的月份是五月份，降雨量达到 1 590 毫米，这段时间出游应注意避雨。

4. 岛上旅游景点的服务设施很少，不管去哪都最好自己带水。

巴哈马群岛

去海盗的故乡，寻找海明威的记忆

意大利航海家、探险家哥伦布曾在他的航海日志里写过这样一段文字：“1492年，踏访北大西洋，那里有一些浅水岛屿，细软的沙滩干净得似乎与世隔绝。”就是根据这段简短的文字，20多年后，西班牙驻波多黎各总统庞塞·德·莱昂循着哥伦布的脚步，再一次踏上了这片土地，当他看到这片遗世独立的浅浅海岛的时候，感动得热泪盈眶，情不自禁地说道：“巴哈马！（意为浅水或海）”于是，巴哈马的名字由此而来。

时至今日，巴哈马已经拥有了700多个海岛和2 400多个岛礁，你可以在拿骚聆听故老相传的海盗故事，感受热烈的狂欢节；可以在天堂岛享受美丽酒店，可以在比米尼追忆《老人与海》的故事……

海盗与狂欢节，巴哈马的野蛮风情

三百多年前，英王查尔斯命人在巴哈马修建城池和堡垒，并且将它命名为查尔斯镇，几年后又易名为“拿骚”。但是这个看似单纯的小镇并不简单，它的居民都从事着一种高风险的工作——海盗！历史上臭名昭著的海盗头子都诞生于这里，“黑胡子”爱德华·蒂奇、“残暴者”亨利·摩根、“白棉布”杰克·莱克汉姆……他们在巴哈马以及邻近海域兴风作浪，每当有商船通过，他们便气焰嚣张地提着刀剑和火枪，驾着船队向商船撞去……直到1718年，海盗才彻底被赶出拿骚。

如今的拿骚历经了岁月荡涤，显得繁华、厚重、古老。阳光也偏爱着拿骚，温柔地照进了拿骚的每一条街道，就连隐藏在椰林树下的港湾街也异常夺人眼目。一座座乔治王时代的彩

当地市民在詹卡努狂欢节上，穿着夸张的服饰疯狂地跳舞。

色建筑错落有致地林立在街道两旁，仿佛彩虹架在街道上空，显得清新明亮。更远处，可以看见城堡和一些略带历史沧桑的建筑，飘散着古色古香的味道。不时地，一辆辆萨里式游览马车，悠闲地载着客人在街道里慢行。街上造型奇特的木质公寓，手工雕刻的精美楼梯，以及简约古朴的小店铺，似乎都在为他们绘声绘色地讲诉着曾经的巴哈马海盗故事。

虽然早已没了海盗的踪迹，但海盗的狂野本质，却依然在巴哈马人的血脉里流淌，在拿骚的詹卡努狂欢节上，你就能真实地感受到这种海盗式的疯狂。每年 12 月 26 日或 1 月 1 日，拿骚的大街小巷都设下了五颜六色的帐篷，兜售着各种美食和美酒，几千人身着大胆而狂野的服饰，分组别对来到街头巷尾，在鼓、牛铃和口哨的节奏中疯狂地舞蹈，更多的人则畅饮着美酒引吭高歌，狂欢节一直会通宵达旦，直到清晨的曙光照耀在大地上，人们仍不肯散去。当你游乐在其中，如果突然有人热情地问你：“Go dance with me？”可千万不要感到惊讶哦！

水族馆与红海滩，天堂般的梦幻精致

如果世上真的有天堂，那一定在巴哈马，瑰丽的水下殿堂弥散着亚特兰蒂斯的神秘气质，粉色的红海滩涤荡着梦幻的气息。

美丽的天堂岛被清澈的海水环绕，椰林、灌木丛与繁花点缀在一栋栋精致的建筑之间。在这里，一座梦幻的水下宫殿，充分展现着神秘。水下宫殿名为“亚特兰特水景”，占地0.06平方公里，这是全世界最大的室外水族馆，数百种海洋生物遨游在此。进入水族馆入口，沿着一条精致的阶梯向下走去，四周逐渐被透蓝的海水所拥抱，恍然间，一个被海水淹没的古老帝国出现在眼前的海底，残破的神庙、坍塌的宫殿、歪斜的罗马柱，在光影变幻的波浪中影影绰绰。五颜六色的珊瑚与海草装点在沧桑的建筑之间，无数漂亮的海鱼穿梭其中，让这片遗迹显得更加神秘……虽然这只是水族馆的水下造景，但其逼真的程度，仿佛就像沉没的亚特兰蒂斯一般，让人恨不能立即潜入水中，探寻每一处残垣废墟里的秘密。

蓝色海岸、白色沙滩，海滩的场景似乎在每个人的大脑中都形成了思维定势。但谁又曾知道，世界上竟存在着一条粉红色的海滩。那儿在天堂吗？也许有人会质问。不，那是在巴哈马哈伯岛环海。在哈伯岛环海沿岸，有着一条长达3公里的海滩，人们称之为“粉红色沙滩”。由于巴哈马群岛是由珊瑚岛构成，远离古海岸带，海浪很难将海底松散物质带到岛上，因此，岛上的沙滩通常由珊瑚粉末构成。经过长年磨损和风化，在海浪的反复淘洗下粉末已接近白色。然而，哈伯岛沙滩近海处存在大量孔虫遗骸，遗骸混合在粉末中，使沙滩颜色呈现出了梦幻般的粉红。

粉红海滩沙质细腻柔软，踩上去清凉、舒服而爽滑，来往的游人小心翼翼地行走在这长长地红色海岸上，留下一排排深深浅浅的脚印，当海水涌来，又悄无声息地消失。沿海岸漫步，25座色彩斑斓的小别墅掩映在椰林之中，宁静而慵懒。偶尔还能看到载着主人的棕色马儿在海边悠闲驰骋……

垂钓比米尼，寻找文学巨匠的身影

“一个人并不是生来要给打败的，你尽可以把他消灭掉，但他的精神是不可战胜的。”不知当年，海明威写下这句话的时候是怀着怎样的心情？多年以前，伟大的文学家海明威来到了比米尼岛，和当地的渔夫一样过着打渔为生的生活。闲暇时，海明威便执笔记录自己以及周边人的日常琐事。多年后，以比米尼生活细节为灵感写就的小说《老人与海》，这座动人的岛屿，也成为了全世界著名的钓鱼胜地。

比米尼位于巴哈马西北部，由北比米尼岛、南比米尼岛和东比米尼岛3座小岛组成，远看像一条长长的带鱼游弋在海面上。在北比米尼的海域里，大型游船或小帆船常常出行在这里。

拿骚的彩色房子错落有致地林立在街道两旁，简单、明快、美好。

不用猜，他们有一个明确的目的——钓鱼。或大或小的鱼竿从船的四面延伸出去，船上的游客们或端坐着凝望着鱼线的动静，或微微合着双眼、衔着长长的烟斗吐纳着烟圈，也有的人拿着鱼钩正重新喂鱼饵。不一会儿，一条条刺鲅、旗鱼被甩上了船岸，钓鱼者洋溢着胜利者般的微笑，仿佛自己已经成为了《老人与海》的主人翁……

来到比米尼，除了钓鱼，海明威的故居一定要去。海明威故居又名维西亚小庄园，位于哈瓦那塞罗区。庄园内绿树成荫，两层高的精致小楼房掩映其中，涂抹着浅绿色的外墙在阳光的照射下显得清新明亮。沿着小道进入一楼，宽阔的客厅里陈列着简易的桌椅，白色的门、白色的床、白色碎花布椅以及挂在墙上的绘画、鹿雕无不透出文学创作家的艺术气息，那东西两侧的白色书架上，也许就静静地躺着一本《老人与海》。两侧则是厨房、餐厅以及起居室，简单的布置泛着浓浓的生活情调。沿着石板阶梯上至二楼，这里他的孩子们的卧室，没有华丽浓郁的色彩，一切都简单而温馨。小楼旁边，则是作家一家日常用的游泳池，一架海明威常用的红色游艇放置在旁边的小亭子下，一两位游客还在亭下照相、观展，似乎在默想着当年这位“渔夫”的生活细节。

住宿

· Orchard Garden Hotel & Suites（果园套房酒店）

地址：Box N1128，Village Road，Nassau。

酒店靠近海滩，紧邻蒙塔古堡及凡尔赛花园，而且靠近亚特兰蒂斯水族馆。客房设有私人阳台或露台。所提供的有线电视可满足娱乐需求。可享受室外游泳池等度假设施，或者到花园欣赏美景。免费无线上网和婚庆服务。

· Atlantis Beach Tower（亚特兰蒂斯海滩大厦酒店）

地址：One Casino Drive，Paradise Island。

酒店靠近亚特兰蒂斯水族馆，只需几分钟便能到达亚特兰蒂斯博物馆，该海滩度假村紧邻水上冒险乐园及凡尔赛花园。客房设有私人阳台。在这里，可以享受按摩、身体护理和面部护理，还可到私家海滩晒日光浴，享受娱乐场和夜总会等其他度假设施，或者到亚特兰蒂斯海滩大厦酒店住客的餐厅享用一顿美餐。

· Nassau Junkanoo Beach Resort（拿骚贾卡努海滩度假村）

地址：West Bay Street，Nassau，8191。

拿骚贾卡努海滩度假村位于拿骚，在大洋边，紧邻蓬佩博物馆及拿骚海盗博物馆。每一间客房定能让在旅途中找到家的舒适。酒店提供免费无线上网，免费市内通话的电话，充分利用室外游泳池等度假设施。可到酒吧或酒廊点一杯喜欢的饮品，畅饮一番。

中国游客前往巴哈马，目前没有直航的班机，需要从美国纽约、加拿大多伦多，或者英国伦敦转机，飞向巴哈马。

在巴哈马，岛与岛之间的交通主要是商业航班、包机、邮船和渡船。岛内交通为出租车、租车、摩托车、自行车，只有部分岛屿有公共汽车。

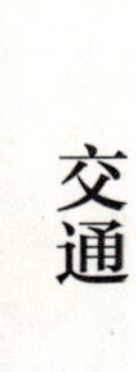

交通

旅游 TIPS

1. 由于巴哈马在中国没有设立使馆，需在英国使馆申请签证。目前，申请单次入境费用为每人 20~25 美元，多次入境为每人 30~35 美元。

2.Jack Wong’s China Temple，这是当地的一家中餐厅，可以吃到熟悉的家乡菜，联系电话：242-352-5610。

3. 在大巴哈马国际机场，卢卡亚港和当地主要的酒店出租车随处可见，一般情况下，0.25 英里以内收费 3 美元，以后每增加 1 英里收取 40 美分，车上多增加一名两岁以上的乘客需另外付 3 美元。

4. 在拿骚，到处都可以找到随叫随停的观光小巴士，这种小巴士的运营时间为 5:30—19:00，最好随身携带零钱以便乘坐。

大洋洲

Oceania

美好的人生，
若是不能走进你的生命里，
是否会是一种淡淡的忧伤。

斐济

扶桑盛开的岛屿，“风情万种”的戴花男子

有这样一座岛屿，它如同一条“倒U形”的珍珠项链，悬挂在南太平洋的脖颈之上；有这样一座岛屿，它不仅有碧海、蓝天、阳光、沙滩，还有葱茏苍翠的甘蔗林，美艳多情的扶桑花；有这样一座岛屿，每当扶桑花盛开，男子们便会穿裙戴花，尽显风情万种……

这就是斐济，南太平洋的十字路口，332座岛屿如珍珠一般洒落在蔚蓝的海面上。来到斐济，人们总会沉醉于扶桑的芬芳与原住民的风情之中；来到斐济，人们会被优美的海豚舞蹈所吸引；来到斐济，人们总会感叹：“天堂也不过如此”……

在绵延的甘蔗林中，体验丰收的喜悦

没有希腊式的雄伟壮丽的神庙遗址，没有加勒比海式的海盗侠影和巨舰桅杆，斐济虽然是南太平洋的交通枢纽，但这座群岛，却依然在流年中保持着宁静、自然，就像岛上那一片片随风摇曳的甘蔗林一样，简朴而单纯。

甘蔗林是斐济不可错过的亮眼风景，富有浓烈的田园气息。斐济人不会种稻谷，但种植甘蔗却是他们的拿手好戏，位于斐济维提岛西北沿海的劳托卡，便是甘蔗种植区的中心地带，种植面积达16平方公里。放眼望去，从岛屿的腹地到海岸，甘蔗林绵延不断，因此，劳托卡也被称为“糖城”。春夏时节，柔和的阳光打在修长碧绿的甘蔗叶上，闪烁着微亮的光芒，一阵咸咸的海风吹过，片片甘蔗林相继起伏摇晃，透出微甜的味道。如果深入甘蔗林，不时还会遇到在林中施肥除草的斐济农夫，黝黑的皮肤映衬着翠绿肥嫩的甘蔗苗，显得那么和谐。在海波微漾夜晚，常有小伙牵着心仪的姑娘的手钻进丛林，借着宁静偷偷地传递爱意，空气

中满是温馨浪漫，只留下片片叶子摩擦而发出的“簌簌”声。

而到了秋末，绿油油的甘蔗地上，则会出现另一番壮观迷人的景象：一台台硕大的甘蔗收割机在甘蔗地里轻松地来回穿梭，所到之处，机声轰鸣，蔗叶纷飞，一丛丛成熟的甘蔗颇有规律地倒伏两旁，而农夫们则跟在收割机尾，忙碌地进行捆绑，丰收的喜悦在他们每个人的脸上绽放开来……不到一会儿工夫，一捆捆甘蔗就被装上车，源源不断地向制糖厂运去……

绵延数里的甘蔗林，壮观亮眼，每到成熟季节，田里充满了丰收的喜悦。

走火仪式与卡瓦仪式，原住民的古老风情

早在数千年前，斐济群岛就已存在美拉尼西亚人生活的痕迹。时至今日，他们的传统文化依然在延续，而走火仪式就是其中一种。斐济的走火仪式古老而神秘，虽然斐济绝大多数岛屿都能看到走火仪式，但位于斐济的南部，与维提岛隔海相望的贝加岛才是其发源地，在这里，可以欣赏到最正宗的走火仪式。

当落日的余晖渐渐从海平面渐渐消失，黑夜开始笼罩贝加岛时，岛屿西岸鲁库阿村濒临大海的草地上，已经点燃了熊熊的篝火。火堆周围，或站或坐的土著居民赤裸着上身，两只胳膊扎着树叶做成的装饰，下身穿着草裙，在火光中演奏着传统乐器。光着脚的勇士们，在愈来愈急促的鼓点中，轮流踩上滚烫的石块，或行走，或跳跃，静定自若的神情令观众赞叹不已。表演结束时，为了向观众验证石块的温度，走火者们会将碧绿的带叶树枝仍在石块上，顷刻间，树叶就燃成了灰烬。

除了古老的走火仪式，卡瓦仪式也是斐济重要的传统文化之一。“卡瓦”是用当地一种胡椒树的树根所制成的饮料，每当勇士出征、部落决定大事或是欢迎远道而来的朋友贵客，甚或族人举行欢庆节日时，就会喝卡瓦。时至今日，斐济腹地小山顶上的纳瓦拉村庄，还延续着最纯正的卡瓦仪式。走进纳瓦拉村庄，一座座茅草屋稀疏地坐落在平坦柔软的草地上，四周青山环绕，古朴天然的原始美，在阳光中弥漫开来。贵客来临，热情的斐济人便会为你举行卡瓦欢迎仪式，人们席地而坐，将树根包上棉布，放入大鼎中加水揉搓，将汁液挤入椰子壳中。此时，

击掌欢呼声响起，你便要双手击掌三下，接过椰子壳，仰头一饮而尽，随后将空壳还给赠予者，并再击掌三下。接着其他人再一一轮流引用，直到喝完卡瓦为止。整个过程中，欢呼声不断，你会很快就会与他们打成一片。

艳穿裙戴花，那一朵朵花般美丽的男子

每个国家都拥有各自的国花，中国是牡丹、美国是玫瑰、新加坡是兰花，斐济则是扶桑，位于维提岛西部的玛洛洛岛，就盛开着斐济最为娇艳的扶桑。

玛洛洛岛是一座方圆约 8 平方公里的小岛，被白色的沙滩和珊瑚礁环抱。岛上种着各种各样的植物，因而玛洛洛岛也被当地人亲切的称为“植物岛”。从林间小叶榄仁、木瓜树到面包果树，品种不一。其中最为艳丽的，便是那一丛丛在顶端支撑着红色、粉色、黄色花朵的绿色灌木，这便是扶桑。温婉的阳光照在扶桑树上，一朵朵盛开的扶桑花犹如闪闪发光的珍宝，极其艳丽夺目。海风吹过，柔嫩的花瓣从树上飘落下来，轻轻地打在路人的脸上、肩上、脚面上……

斐济的海域有很多海豚，优美的海豚舞是吸引很多外地人来此旅游的重要原因之一。

每年八月扶桑花开，斐济就会迎来一年一度的传统民俗文化节日——红花节。节日当天，斐济首都苏瓦的阿尔伯特公园里，扶桑娇艳，人头攒动，熊熊燃烧的火炬与精心布局的游乐设施、客座帐篷辉映成趣，邻近马路一侧搭起的食摊上，各种小吃琳琅满目。而穿梭在公园里的戴着扶桑花、穿裙子的男人无疑成了最亮眼的一道风景线。在斐济，男子戴花并不奇怪，恰恰相反，这在他们眼中，同样也是美的象征，因此，不管是少年还是老人，总喜欢摘一朵扶桑，轻轻插在耳际发鬓，仿佛这样做，就可以一辈子如花儿般美好。不过，戴花也是有规矩的，未婚男女戴在左边，已婚的则要戴在两侧。

这里的男人除了爱戴花，也总是穿着漂亮的裙子——是的，这也是他们的正规着装。这种裙子被当地人称为“沙罗”（SOLO），走在苏瓦街头上，随处都能看到穿着沙罗的青年男子，有的甚至还穿着艳丽的彩色印花上衣。不仅是平民，指挥交通的警察也会穿着沙罗执行公务；即使持枪肃立在斐济总统府门外的卫兵，同样也会在藏青色警服、红白相间的皮带下，配一条纯白的裙子。看上去，别样的意气风发。

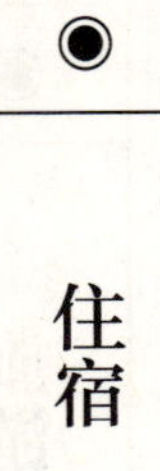

· Sofitel Fiji Resort And Spa

地址：Beachfront，Denarau Island，斐济。

酒店每间客房都设有私人阳台，可欣赏海景，并设有泻湖式游泳池、日间水疗设施、餐厅和私人海滩。可在酒店进行浮潜等娱乐活动，旁边还毗邻高尔夫球场。

· Westin Denarau Island Resort & Spa

地址：Denarau Island，Nadi， Denarau Island，斐济。

酒店距离港口仅百米之遥，非常方便。客房均设有空调、沏茶 / 咖啡设施和平面卫星电视。同时还设有一个日间 Spa 中心、一个健身中心和一个热水浴池，可以在此尽情放松身心。

· Sheraton Fiji Resort

地址：Denarau Island South，Denarau。

斐济喜来登度假村享有海滨位置，设有一个室外游泳池和一个日间 Spa 中心。酒店的客房装饰精美，为您营造出诗情画意的南太平洋风情。同时还设有池畔酒吧、网球场、健身中心和餐厅。

目前从中国飞往斐济共有两条航班可行，分别是从香港乘坐太平洋航空直飞斐济，和从各大城市乘坐大韩航空由韩国转机。在此建议各位游客乘坐香港的太平洋航空直飞。

本地主要有巴士、轮船、租车等交通方式，有几家专门的巴士公司负责游客的机场接送服务，同时在斐济的南迪、苏瓦等城市内也有公交车等公共交通设备。

交通

旅游 TIPS

1. 斐济的行人与车辆均为左侧行驶，中国游客应倍加注意。

2. 在斐济，部分游玩项目和皮划艇等不需要消耗燃油以及电力的环保工具是免费的，因此，短距离旅途可以选择此类工具。

3. 斐济是个自然环保度假岛屿，酒店内不提供牙刷、牙膏、拖鞋等用品，需要自备，而且一般不提供开水，如需请自备电热水壶。

4. 在斐济，无论认识或者不认识的人都会用“BULA”一词来打招呼，回应打招呼的人时面带微笑地说声“BULA”即可，千万不要在部落参观时大声喧哗。

5. 斐济有付小费的习惯，是国际礼仪之一，是对服务人员工作的肯定与感谢。付小费的情况有：服务生帮您搬运行李；用餐后留在未打扫的餐桌上；在服务生打扫房间前，放在枕头边；参加完观光活动，付给导游或陪同；支付小费的数额：每次付 1~3 美元就足够了，其中餐厅的小费是消费额的 10%。

6. 斐济银行营业时间：周一至周四 9:00—15:00，周五 9:00—16:00。机场的兑换窗口是 24 小时营业。

大溪地

在栀子的馨香中，寻找高更的足迹

大溪地，南太平洋上最美的一隅。闲适、柔美，宛如阳光中盛开的栀子，亦如波利尼西亚少女的红唇。走进大溪地，馥郁馨香的栀子和香草，变幻多彩的海底世界，热情开朗的波利尼西亚人，简静舒雅的高更故居……

自从被发现以来，大溪地已不再是单纯的地域名称，也不再是一抹纯粹的海蓝，它更是一处为受凡尘俗世困扰的人，提供躲避的世外桃源。在大溪地的山间水畔，每一处的空气都洋溢着清新芬芳。

大溪地，弥漫着栀子与香草的芬芳

当你踏上大溪地的土地，如果有人热情地向你献上栀子花环，请不要诧异，在这里，每一位少女都热衷于用栀子花编制头环和花圈，因为栀子花就是大溪地的国花。

大溪地由118个岛屿组成，但众多岛屿中，只有莱阿提岛才生长着栀子花。在莱阿提岛北部，海拔高度为773米的塔麦哈尼山就是芬芳的源头——这里漫山遍野都生长着栀子花，每到春季，一朵朵纯白的栀子花或悄悄盛开，挤在绿色叶片下，或慷慨地绽放在树梢上，接受着阳光的抚照。放眼远望，整座山犹若一件映满了白色碎花的绿色衣衫，铺展在连绵起伏的山峦之上。拾一条弯曲小道盘旋而上，一路上都是栀子的芬芳，不妨轻轻地摘下几朵，戴在耳畔或插在发髻上，顾首回盼间，似乎连眼波里也多了一缕花香。

除了栀子花，来自塔哈岛的另一种芳香，也会让你停驻脚步，沉醉其中。塔哈岛位于莱

阿提岛西北部，与莱阿提岛共享一个礁湖——传说这是一位女神用手中的神鳗鱼将它们分隔开的。塔哈岛的山脉凹凸起伏，被茂盛的植物所覆盖，蕨类植物、禾本植物和椰子树，郁郁葱葱直到山顶。流连其中，你总能闻到一股奇异的芳香，这就是香草，大自然最芬芳的馈赠。塔哈岛被称为“香草之岛”，岛上香草产量占大溪地总产量的 80%。在塔哈岛以南的提瓦村香草园，种植着被香草鉴定家认为是世界上最好的香草，香草园建立在山丘上，鼠尾草、薰衣草、桔梗等 1000 多种香草植物竞相生长在整个种植园中。当你走进时，浓郁的香草芳香弥漫而来，人们穿梭在花丛中，或拍照留念，或陶醉地闻着每一束花香……这是大溪地的味道，或许，这也是爱情的味道吧。

在郁郁葱葱的山上或香草种植园里，栀子花和香草开得正艳，大溪地的每一寸空气里都弥漫着清香。

永恒的《塔希提少女》，高更的救赎之地

灿烂的阳光、湿漉漉的空气、茂盛的树林、星星点点的阳光、体态丰盈的半裸女子、鲜艳的果实、撩人的鲜花……展开名画《塔希提少女》，画中的一切仿佛仍如百年前那样鲜活、生动……

1891 年，饱受生活与贫困折磨的保罗 · 高更离开了巴黎，快乐而悲伤地逃进了大溪地，逃进了这片天堂般的岛屿。这里有无际的蓝天与大海，有喝不完的牛奶与吃不完的鲜果，有温婉热情的波利尼西亚人……在这里，高更获得了救赎，10 年间，高更创作了数十幅以大溪地

土著女子为题材的油画，其中就包括这幅《塔希提少女》。一百多年过去，虽然高更早已故去，但岛上的波利尼西亚女子，依然在展露着自己的风情。

位于茉莉亚岛的 TIKI 村是岛上最著名的土著村落，这里依山傍水，风景如画。不大的村落用闸毛竹扎成有柱无墙的屋子，三三两两地掩映在密林中。走进 TIKI 村，波利尼西亚女子会热情地为你戴上用栀子花编制的花环，进入她们的屋内，还能看到盘子中盛放着为客人准备的椰子、芒果、香蕉等热带水果。每年 7 月，当地土著人会举行为期数天的“海瓦节”，海瓦节庆是大溪地一个古老传统的节日，至今已有 122 年的历史。节日期间，每个人都会参加欢庆活动，白天在村沿海边进行划船、赛跑等体育比赛，晚上则是跳舞和唱歌。特别是在晚上，女子们带着彩色花环和漂亮的颈饰，穿着金黄色草裙，纷纷聚集在村落中心，随着皮鼓的伴奏响起，她们频频妩媚地扭动着身姿，展现着热辣与野性。

波利尼西亚人单纯快乐的生活方式，感染着来到大溪地的每一个人，也感染了那位伟大的艺术家——高更，他用更为艺术的方式，将这快乐的记忆收藏，在高更故居——今日的高更博物馆，你或许能分享到。高更博物馆位于大溪地岛西南角、最高峰奥罗黑纳山背后。高

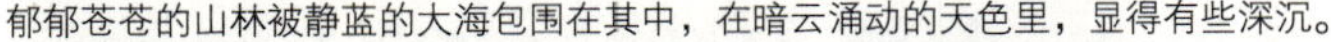

郁郁苍苍的山林被静蓝的大海包围在其中，在暗云涌动的天色里，显得有些深沉。

更曾于1891—1901年间两度到此，完成了他一生中最重要的画作，人们为了纪念高更而重新建立了现在这所博物馆。并不奢华的博物馆，隐藏在植物葱郁的院落里，枣红色的屋顶与黑白条纹相间的木质墙体结合，给人简洁静雅之感。门上写着“爱情给人幸福”“保持神秘”的一排字，似乎在透露着爱情的奥秘。博物馆内的四面墙上，悬挂着他的各种作品：版画、油画、水粉画等，在昏暗的光线照射下，仿佛高更也站在这里凝望沉思……

饥饿中的大鲨鱼追捕着海里的小鱼，可是到嘴的美食还是飞了。

玻璃窗外的海底世界，近距离鲨鱼喂食

每一座热带海岛都有一个缤纷多姿的海底世界，等待着潜水的人们去探索、寻找，大溪地也不例外。然而，并不是每一个人都有足够的资格享受海底，它有着太多制约：健康的体格，游泳的技巧，笨重的潜水装备……然而在大溪地，就算你无法潜水，也能够享受到这片梦幻而生动的海底——玻璃船，就能实现你的梦想。

在素有“太平洋珍珠”之称的波拉波拉岛，你就能够享受这种超酷的交通工具。乘上一辆透明的玻璃船，缓缓地从海面上划过，透过净蓝的玻璃，变换多姿的海底世界清晰地呈现在你的眼前：海龟在礁石上动也不动地趴着，鱼群“嗖”地从其身旁快乐游过；艳丽的红珊瑚映红了一片海下世界，透出迷幻的酒红……

如果想要来一次挑战，那么到茉莉亚岛给鲨鱼喂食如何？茉莉亚岛位于大溪地西北方20公里处，被洁白宽阔的海滩环绕，像一只背着绿壳的蜗牛爬在蓝色玻璃上。茉莉亚岛是鱼儿的天堂，成千上万种海洋生物在这里和睦生活，就连凶恶的鲨鱼游到这里，也一反常态，变得温柔起来。乘船至海中，从食物桶里取出一条鱼伸向海面，2米多长的鲨鱼便会游至船边，靠拢船只后小心地转几圈，然后微微地张开嘴，从游客手中慢慢地取走食物，细嚼慢咽，眼睛里同时还闪烁着宁静和善的光彩。面对温柔的鲨鱼和目瞪口呆的游客，当地人乐呵呵地说，因为这里原本是一个充满浪漫温情的和谐家园，鲨鱼也不例外。

住宿

· Hotel Sarah Nui（萨拉努伊酒店）

地址：Chemin Vicinal，Fare Ute，帕皮提，塔希提岛，法属波利尼西。

这里距离市中心仅 0.3 公里，离机场也不过 14 分钟的路程。坐拥良好的自然环境，比邻法阿国际机场等景点，所有这些使得这家酒店别具特色。

部分客房还配备有书桌、电视、阳台/露台、小厨房、起居室。除此之外，不管您来塔希提岛是出差还是旅行，萨拉努伊酒店都能让您在留宿期间拥有一段难忘的回忆。

· InterContinental Tahiti Resort（洲际塔希提度假村）

地址：Pointe Tahiti，Faaa，普纳欧亚，塔希提岛，法属波利尼西亚。

度假村位于普纳欧亚，是塔希提岛短途游的理想出发点。在这里，旅客们可轻松前往市区内各大旅游、购物、餐饮地点。这家酒店气氛闲适安逸，而且离市区法阿国际机场等景点仅数步之遥。可享受茶具、咖啡机、电影点播服务、独立用餐区、卫星频道 / 有线电视， 淋浴设施等贴心的设施。 水疗、室外游泳池、健身中心、桑拿能让您玩足一整天，开心一整天。

· Relais Fenua（菲奴亚雷莱斯酒店）

地址：Servitude Atiraa Cote Montagne，普纳欧亚，塔希提岛，法属波利尼西亚。

酒店离机场仅有 12 公里的路程，交通便捷。酒店配备了洗衣服务、旅游服务、美发店、接送服务、酒店 / 机场接送。所有的客房都以舒适度为首要标准娱乐设施丰富多样，包括花园、按摩、室外游泳池等。一流的设施与得天独厚的地理位置都让菲奴亚雷莱斯酒店成为塔希提岛旅游的最佳留宿酒店。

从中国到大溪地要从新西兰或澳洲或东京转机，到首都帕皮提，再坐小飞机到大溪地，需要 15~18 个小时，最便捷的方式是从国内各大城市前往东京，在东京转乘大溪地航空公司航班直达法属波利尼西亚（大溪地）的首府帕皮提。

大溪地岛上有公交车，上车到哪里都是 4 美元，而且随便在哪个地方都可以上车。岛与岛之间可以通过飞机、船来往。的士、巴士、小车租赁也随处可见。因为岛屿太小，骑自行车是一种流行的交通方式。

交通

旅游 TIPS

1. 在波拉波拉岛有家号称全南太平洋最知名的餐厅“血腥玛丽”（BLOODY MARYS），有很多明星光顾此餐厅，价格也不贵，加小费人均约 500 元人民币，比酒店便宜，食物味道比想象中的好。

2. 当你在珊瑚礁附近游泳时，为了避免珊瑚礁对身体的意外割蹭（很痛苦，需要很长时间才能愈合，还可能被石头鱼和海胆的刺感染）。因此，建议穿塑料鞋。

3. 这里上午 11 时至下午 3 时，紫外线最强，一定记得多多喝水。

4. 大溪地只有帕皮提和波拉岛自来水可饮用，其他地方用 Eau Royale or Vaimato 牌子的瓶装矿泉水，物美价廉。大溪地的商店营业时间一般为：周一至周五 07：30—11：00，14：00—18：00；周日 07：30—11：00；大型商店较晚。周六上午通常照常营业，下午休息。午休时间拖得很长，应避免中午前往购物。

瓦努阿图

勇气，在于攀登火山，在于跳台蹦极

对人们来说，享受海岛，便是享受温和的阳光，雪白的沙滩和清凉的海浪；便是享受椰林中的清风，椰子汁的甘美；便是享受原住民的热情，原始文化的诱人……然而，你若是想尽情地享受瓦努阿图，那么还得带上勇气——火山与蹦极，一定会带给你不可多得的体验。

“世界上最幸福的国家”，这就是今日人们心中的瓦努阿图。当你踏足瓦努阿图时，气势宏伟的火山、独一无二的海下邮局、通宵达旦的狂欢、扣人心弦的原始蹦极……一定为你呈现一幅如梦似幻的瓦努阿的图画。

火山，喷薄在血脉中的雄烈

与地球上大多数火山岛不同，在瓦努阿图，欣赏火山的雄伟不需要长时间的等待或“靠运气”，你随时都可以领略火山的“激情四射”。

瓦努阿图一共拥有9座活火山，其中2座潜藏在海底，7座散布在岛上，位于安布里姆岛的马鲁姆火山，便是其中最雄伟的一座。马鲁姆火山高1 270米、火山口直径366米，是瓦努阿图人心中的圣山。他们极少去攀爬，因为他们相信每个人死后，灵魂会从这里踏上通往来世的旅途。虽然马鲁姆火山无法攀登，但却可以通过乘坐直升飞机，领略火山的宏伟。

从空中俯瞰马鲁姆火山口，巨大的熔岩湖闪烁着火光，仿佛太阳的表面一般，即使在高空，也能感受到硫黄味的热气。马鲁姆火山喷发极为频繁，每当火山喷发时，一声巨响震耳欲聋，滚滚浓烟伴随着羽状的火山灰直冲云霄，最高时可达1 600米；火山口里翻搅的熔岩奔腾而出，所到之处草木皆灰，即使最坚硬的岩石也在岩浆奔流过后，留下一道深深的沟壑；一根根漆黑易碎、被称作“佩蕾之发”的熔岩丝和鲜红耀眼的炽焰随风摇曳，升腾至半空，似乎整片天空都被烧红……

近距离观看马鲁姆火喷发的奔腾岩浆，或许只有极少数专业探险者才能做到，对大多数人而言都是那么遥不可及。但位于塔那岛的伊苏尔火山，却亲民很多，任谁都能与之来一次亲密接触。伊苏尔火山高达 1 084 米，火山口外沿直径约 300 米，坑口深约 100 米，因其喷出的熔岩竖直起落，很少斜向溢出，一般不会伤及游人，因此被誉为世界上“最亲近的活火山”。伊苏尔火山每隔 1 小时喷发一次，喷发时，底部呈三角排列的 3 个喷火口轮番喷出无数岩块，浓烟随之喷涌而出，翻滚的岩浆拍打着火山口，发出嘶嘶声，并伴随着熔岩抛向空中。每隔 10 分钟喷涌一次的火柱如万朵礼花绽放，随后又如流星雨般落下，瞬间恢复平静，似乎什么都不曾发生。一年四季，伊苏尔火山的游客都络绎不绝，纷纷赶来一睹这“上帝燃放的礼花”，我国著名电影《十二生肖》也曾在此取景。

水下寄信，寻找鱼儿们的“家园”

“没有做不到，只有想不到。”这句话用于描述瓦努阿图邮政官方的水下邮局，最适合不过。水下邮局位于瓦努阿图首都维拉港的一个天然海洋公园里，海平面 3 米以下，是世界上唯一的

夕阳落尽，华灯初上，将瓦努阿图的海岸照亮，如同白昼。

瓦努阿图是充满原始风情的，大片的森林海域还是未开垦的处女地。

一所水下邮局。邮局高 3 米，直径只有 2 米，看上去像是一听巨大的苏打罐头。邮局每天会营业一小时，营业时，水上会飘起挂有旗子的浮标。顺着浮标的方向潜入海中，你会清晰地看到工作人员正在邮局中忙碌，而五彩斑斓的鱼群则在周围悠游穿梭。当然，你也可以到这里来邮寄防水明信片，当营业员使用有着凹凸花纹的日戳给你的明信片盖戳后，则表示明信片已经寄出。假如你不愿直接潜入水下办理业务，也可以请邮政员替你将明信片投入水下邮箱。

想要体验瓦努阿图海底的世界，并不局限于水下邮局，它亦拥有着其他不错的潜水之地。位于桑托岛东南端的百万金元角，便是瓦努阿图最有名的潜水地之一。第二次世界大战结束后，驻扎在岛上的美军撤离此岛之前，将大量军用物资和装备浇筑以混凝土，然后沉入海底。随着海浪的多年冲刷，海底的这个水泥怪物终于被打碎，成为了海洋生物们的家。此处的海水深度仅 20~70 米，所以也是潜水爱好者探险的乐园。潜入其中，各种各样的鱼群或遨游在色彩斑斓的珊瑚丛中，或穿梭在废弃的吉普车和老式卡车之中；成箱的军火枪支静躺在淡蓝色的海水中，影影绰绰，仿佛在追忆着半个多世纪前的那场战争……

最原始的蹦极“路跳”，是当地族人为成年男孩于每年四五月间举行的成人仪式。

通宵达旦的成人仪式，惊险刺激的蹦极活动

在 1980 年独立以前，瓦努阿图属于英国和法国的托管地，外来的欧美文化与本土美拉尼西亚文化相互汇聚，融合成淳朴迷人的人文风采。在高度现代化的当今世界，埃法特岛的埃卡苏普文化村，仍以一种古朴的姿态等待着世人的触摸和探寻。走进文化村，郁郁葱葱的热带丛林映入眼帘，一座座茅草搭建的房屋若隐若现。部落村民们或带着草环，穿着草裙，各自拿着斧头砍伐树木，或三五成群在园子里耕种劳作。每年七八月份，各种庆典活动的举行会使整个村子变得热闹起来，尤其是男孩女孩的成年庆典仪式。当天晚上，村民们则会聚集在村子广场，男孩女孩们脸上画着喜欢的花纹——女孩子还会带上艳丽的花环，穿着色彩鲜艳的衣服，在或舒缓或激昂的音乐伴奏中，通宵达旦地跳舞。

挑战自我的“蹦极”活动，如今风靡全球，也许没有人知道，这项运动起源于瓦努阿图彭特科斯特岛（PENTECOST）的传统风俗“陆跳”。陆跳是一种特地为男孩子举行的成年仪式。每年四五月间，当地族人都会在山坡上用天然木料搭建起一个约 35 米的高台，族里参加成人仪式的男子接受和祖先一样的考验：用藤条绑住脚部，从高台上凌空跳下，而族人也会事先用木锹把斜坡下面的泥土挖松，以防摔伤。仪式开始时，男孩们陆陆续续攀爬至台顶，在别人的帮助下用藤条绑住脚踝。跳前，他们会振臂高呼，给自己鼓劲，同时展示健壮的体魄，然后勇敢地纵身跳下，当着地触碰到松土后，才正式地表示男子已成年和独立。在此期间，村里的妇孺老幼也会全体出动，在一旁载歌载舞，为成年男子助阵和欢呼，整个过程既热闹也令人为之“心跳”。

· 帕雷旅馆

地址：Nambatu，Paray Area，Port Vila。

帕雷旅馆位于维拉港核心区，靠近国会大厦和国家博物馆，紧邻南太平洋大学及潘戈角。您可到露台和花园欣赏美景，还可利用免费无线上网等服务和设施。客人还可在公用厨房中做饭。

· Coconut Palms Resort（椰树棕榈度假村）

地址：Cornwall Street，Port Vila。

椰树棕榈度假村位于维拉港的核心区，步行即可到达国家博物馆和国会大厦。这里可享受室外游泳池等度假设施，或者到花园欣赏美景。酒店收费提供（应要求提供）往返机场班车，此外还提供免费自助停车。

· Moorings Hotel（莫瑞斯酒店）

地址：Lini Highway，Port Vila。

住在莫瑞斯酒店，可以享受维拉港核心区的便利，可方便到达南太平洋大学和国会大厦。客房设有私人备有家具的阳台，配备淋浴的独立浴室提供免费洗浴用品和吹风机。可到酒店的餐厅大快朵颐，可以去酒吧小酌一杯，欣赏花园景色；如果天气允许，还可以到室外用餐。

中国和瓦努阿图之间还没有开通直达航班，中国游客前往瓦努阿图可以在澳大利亚、斐济或者新西兰、新喀里多尼亚转机前往。瓦努阿图的主要机场是维拉港机场。

瓦努阿图本地交通为公交、地铁，也可租赁汽车或搭乘出租车。其中，公交车没有固定时间限制，但招手即停，并需告知司机您到达的目的地，单程费用约为 100 瓦图。

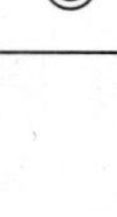

交通

旅游 TIPS

1. 在瓦努阿图，没有收取小费的习惯，小费和乞讨都被认为是不文明的行为，这点要特别注意。

2. 在进入村庄之前，应先征得村人的许可，直接去敲住家户的门是被视为不礼貌的行为。

3. 瓦努阿图邮局营业时间为周一至周五上午 7：30 至下午 4：30，周六则为上午 7:30 至 11:30。

4. 瓦努阿图拥有世界标准的 GSM 移动电话系统，但目前中国移动无法在瓦漫游。可在瓦努阿图电信公司购买当地 SIM 卡。

塔斯马尼亚岛

世界尽头，“魔鬼”之乡

一直以来，塔斯马尼亚都被称为“世界的尽头”，殖民时期的残酷与暴政，优越的自然风光，奇异凶猛的野生动物……这个全世界距离南极洲最近的岛屿，曾因为这种种好事与坏事而闻名于世。

而今日，那些令人不快的过往早已烟消云散，一切都已经平静了下来。在阿瑟港监狱晨昏交替的朦胧光线里，在风景如画的摇篮山间，在温馨浪漫的薰衣草农田里……塔斯马尼亚又开始优哉悠哉地展现着自己的万种风情。

昨日监狱，早已洗尽铅华

自从1642年塔斯马尼亚被塔斯曼人发现以后，这里的天空似乎就开始酝酿着一场血腥风暴。殖民时期，位于塔斯马尼亚岛南端的阿瑟港，便成为了英国和爱尔兰重刑犯的流放之地，而建立在阿瑟港海湾一侧山坡上的阿瑟港监狱，则是重犯们的囚禁之所。监狱楼高4层，可同时监禁500人，1830—1877年的47年，12 000多名犯人曾被囚禁在此，接近一半人更是在这里终结了生命。

19世纪末，两场森林大火几乎将监狱烧成了一片白地，直到今天，虽然周围的森林早已恢复了繁茂，但无人修整的监狱却忠实地记录着历史，远远看去不是残垣断壁，便是缺门少窗，淡黄色外墙在夕阳中显得十分苍凉破败。走进监狱大门，一股森然之气迎面而来，监狱中央两侧一间挨着一间、尚未烧毁的囚室黑暗而窄小。用石块砌成的约1米厚的墙壁上紧闭着一扇扇锈迹斑斑的红色铁窗，透过铁窗眺望，似乎还能依稀看到自由和禁锢、挣扎和绝望、毁灭

被大火烧毁的阿瑟港监狱，已剩下残垣断壁，显得十分苍凉破败。

和重生在此交替上演。

站在监狱顶部望向海湾中央，一座如一叶轻舟般静静地漂浮在碧蓝海面上的弹丸小岛，便是这些囚犯的埋葬之地，被人们称为“坟墓岛”，曾有不少罪犯在这里以挖坟为生。但百多年的岁月流逝不仅冲走了这里的阴冷气息，犯人们的血肉也化为了丰富的养料，滋养着这里的花草植被。放眼远望，坟墓岛周围青山绿水、丛林密布，蓝天白云下，整个港湾都沐浴着明媚的阳光……

四季摇篮山，巧遇塔斯马尼亚“魔鬼”

自然之美，总能牵动着人们的双脚去一一丈量，哪怕它充满着艰辛和危险，塔斯马尼亚最神奇的山脉——摇篮山便拥有这种魔力。摇篮山位于塔斯马尼亚州北部的圣克莱尔湖国家公园最北端。海拔 1 545 米，拥有摇篮山顶、史密西斯峰、温多佛塔和小牛角四个峰顶。因各山峰之间山石连绵突起，犹如摇篮一般，摇篮山因此而得名。

由于各山峰之间山石脸面凸起，犹如摇篮一般，摇篮山因此而得名。

虽然摇篮山并不算高，但其险峻的山地也常使攀登者望而却步或半途而废。即便如此，至今仍有不少游客纷纷前往一探究竟，这是因为它的魅力不仅仅在于拥有茂密的雨林、清澈的湖泊和绿草成茵地草甸，还在于能够在不同高度感受到季节的变化。从朗瑟斯顿向雨林区出发，沿着“摇圣徒步道”一路徒步而行，当你还处在山脚处时，是烈日炎炎的夏季，悬铃木、山毛榉等植物正贪婪地吸收着阳光，眼前处处皆绿。当走到半山腰时，天气逐渐转凉，山上的浅草植被显现出一片秋日的萧条，同时也隐隐透出一股经冬后的复苏之气。快到峰顶时，寒冬随之而来，偶尔还能看见天空中纷飞着朵朵雪花，缓缓飘入湖泊之中不见了踪影。

然而，就在这有着童话般美景的地方，却生活着一种奇异而凶猛的哺乳动物，它们昼伏夜出，叫声如同魔鬼般尖锐，它们就是塔斯马尼亚袋獾。袋獾是塔斯马尼亚岛特有的生物种类，身长为 0.525~0.8 米，是全世界体型最大的肉食性有袋哺乳动物。它们的叫声听起来像是被激怒的驴叫，尖锐刺耳，令人不寒而栗，因此当地人也称之为“魔鬼”。袋獾的活动时间通常在夜间，白天则在树枝和洞穴中睡觉。它们行走时，总在不停地嗅着地面，似乎在寻找着食物，活像一只可爱而敏捷的小熊，但是当它们张开嘴巴，强有力的下颚却足以咬碎骨头。如果你发现它灰白的耳朵开始泛红，那么请作好快跑的准备，因为它有可能把你当成敌人而攻击你。近年，袋獾受到面部肿瘤疾病的影响而数量骤减，已经成为了濒危物种。

薰衣草与杯酒湾，塔斯马尼亚的醉人香气

监狱也好，魔鬼也罢，这些都无法掩盖塔斯马尼亚从骨子里透出来的美丽与风情，不仅仅是因为这里有摇篮山，还因为这里有诱人的薰衣草，有唯美的酒杯湾。

当你来到塔斯马尼亚北部港口城市朗塞斯顿，便能循着花香，进入城市东北的布莱德斯托薰衣草农场。20 世纪初，农场开始从法国引进薰衣草种子，至今已有 100 年的历史，其种

植面积达 0.4 平方公里，是世界上最大的薰衣草产品输出农场之一。每年 12 月，农场迎来了薰衣草花期，一畦畦红紫、粉紫、深紫的薰衣草布满整个花田，呈现出一条条紫色的优美曲线。微风轻拂，浓郁的花香扑鼻而来，深吸一口气，鼻腔里都是浪漫的味道。若是饿了，农场咖啡厅里的薰衣草松饼以及薰衣草冰淇淋，会为你带来最温馨惬意的享受。

薰衣草的美与香气令人心醉，而位于塔斯马尼亚东海岸、弗雷西内国家公园内的酒杯湾，无酒亦醉人。远远望去，错落的粉红色与灰色大理石峰——赫胥斯山将塔斯曼海拥入怀抱，形成一个向内凹陷的峡湾，白的沙滩与海水形成轮廓分明的半月形状，就像一只高脚杯一般。而蓝绿色的海水则是杯中酒，正等待着过客细细品尝。海湾里，没有熙来攘往的如织游人，没有重重叠叠包围着你推销纪念品的商人，这里是那么原生态、那么天然、那么静美，仿佛能听见天上徐徐飘过的白云带动的风声。最美的事莫过于携着恋人，漫步在绵延数公里的白沙滩上，一步步踩着细软的白沙细数时光，将一段爱情慢慢升华。

薰衣草衣草农场里一畦畦曲美的薰衣草衣草开得正艳，一眼望不到边。

住宿

· Maison del Mar（马斯恩德马酒店）

地址：544 Sandy Bay Road，Hobart，Tasmania，Australia。

马斯恩德马酒店，距离市区繁华地段仅有3公里的路程，这里坐拥良好的自然环境，毗邻瑞斯特角赌场、老信号站、特罗喀尼尼保护区等景点。酒店设有众多娱乐设施，例如按摩、花园，都是放松身心的最佳选择。

· Wrest Point Hotel（来朋酒店）

地址：410 Sandy Bay Road，Tasmania，Hobart，Australia。

来朋酒店位于桑迪湾，依山傍水，是霍巴特短途游的理想出发点。这里距离市中心仅5公里，离机场也不过25分钟的路程。相邻瑞斯特角赌场、圣乔治教堂、巴特里角的不远处，游客们在旅游观光时可尽情参观。

· The Last Villa（最后的别墅）

地址：2a Nutgrove Avenue，Sandy Bay，Tasmania，Australia。

酒店坐落于桑迪湾的中心地带，是游览霍巴特的最佳下榻酒店。在这里，可轻松前往市区内各大旅游、购物、餐饮地点。对于喜欢冒险的游客来说，瑞斯特角赌场、老信号站、特罗喀尼尼保护区再合适不过了。

>>> 塔斯马尼亚岛 >>>

中国游客须从青岛到悉尼。悉尼有大量的飞机飞往塔斯马尼亚最大的机场霍巴特（hobart），可提供来往墨尔本、悉尼、堪培拉、布里斯班和黄金海岸的小型航班。斯马尼亚岛内的交通除自驾车之外，以各色客车巴士为主。

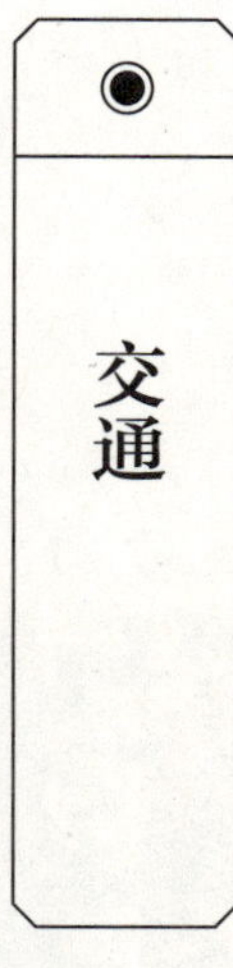

旅游 TIPS

1. 银行办公时间：南澳大利亚的银行周一至周四上午 9：30 到下午 4：00、周五上午 9：30 到下午 5：00点办公。

2.Airporter Shuttle Bus 是机场直达侯巴特市区的公共交通工具，单程仅 25 分钟，早 6：00时一最晚的航班降落，如果搭乘 7：30 以前的航班，须打电话（电话：0419382240）预约，票价便宜，方便舒适。

3. 塔斯马尼亚没有对游客开放的铁路线，所以在城镇之间靠城际大巴相连，岛内的 Tassielink 线覆盖了塔斯马尼亚岛内主要景点的交通线路，一天有多个班次，很方便。

4. 澳大利亚电压为 220~240 伏（50 赫兹），只能接三角扁平插头，因此使用电器要准备变压器或适配器。在澳大利亚购买一个适配器大约要 70 澳元。

5. 塔斯马尼亚因为相对比较偏僻，商店和游客中心等一般 17：00 左右关门，17：00 之后街上便空空荡荡，所以需要逛街或者预订行程要注意时间上的安排。

塞班岛

可以畅快潜水，也可以听鸟观潮

在赤道的北隅，一年四季如夏的塞班，慵懒地躺在太平洋与菲律宾海之间。自从16世纪，探险家斐迪南·麦哲伦的船队在航海途中发现它后，塞班便开始进入人们的视野。几百年后，塞班依然孜孜不倦地向外界展露着万种风情：百鸟翔飞的绝尘孤岛、激情四射的喷水海岸、精彩斑斓的海底世界……

海岛，壮阔与欢乐谱写的乐章

如果把海岸比作琴，那么海水就是跳动在琴弦上的音符，它们共同为海岛谱写着最优美的乐曲，天宁岛的喷水海岸，便是这一首独一无二的曲子。方圆仅101平方公里的天宁岛像极了闪电的形状，闪耀在塞班岛南部，而喷水海岸的壮阔海涛，则在天宁岛东南端与之共舞。沿着海岸前行，当走过坑坑洼洼的原始熔岩后，便能抵达喷水海岸了。这里有五个彩色的天然海池。它们是历经了百年万年海浪冲击形成的一整排的大小洞穴。涨潮时，潮水从洞穴喷涌而出，就像大海在打"喷嚏"，"喷水海岸"因此而来。尤其是急风卷浪时，潮水会从洞穴喷射出20米高的水柱浪花，蔚为壮观。潮水平静后，喷水洞喷出的水柱慢慢消失后，如果运气佳的话，还能看到一道彩虹连接着天与海，美妙而梦幻。

喷水海岸的海水释放着激情，鸟岛的鸟儿们则享受着自在、欢乐。鸟岛位于塞班的北部，远看如拳头般大小。整座鸟岛由石灰岩构成，在阳光照射下，整座岛屿闪闪发亮，宛如一块天然去雕饰的绿翡翠。涨潮时，整座岛仅剩覆盖在顶部的葱茏绿树，像一大撮孤独地漂游在海上的芦苇丛。然而，就是这座小小的鸟岛，上百种鸟类以此为家。透过望远镜看去，可爱

阳光照射下来，海水透出蓝色的光泽，“蓝洞”一名因此而来。

的小鸟们或敏捷地跳动在树梢上，或紧紧地攀附在树枝上缩着脑袋打盹，抑或三五成群的鸟儿自由自在地飞翔在鸟岛上空，像一个个跳动的音符，忽高忽低。每当夕阳的余晖染红了海平面，落霞与众鸟齐飞的景象也别有一番美。

潜水与海钓，倾心的美妙体验

如果要潜水，那么蓝洞一定会让你过足瘾。蓝洞位于塞班岛北部、万岁崖以南，走近蓝洞，看起来像张开嘴的海豚，珊瑚礁形成的石灰岩被太平洋海水长期侵蚀而凹陷下去的一个深洞，深达 17 米，最深处达到 47 米。潜入其中，深蓝的海水透过洞底 3 条狭长的水道，将深洞灌满并涌向外海，当阳光通过水道洒进洞里，海水透出淡蓝色的光泽。清晨日影斜照，岩洞的阴影投射进海里，这里便成为了海底生物的游乐场，晶莹如玉的水母浮游其中，透出五彩幽幽的光亮；斑斓灵动的鱼群忽地向海面上蹿、忽而猛扎进海底。只有那永远淡定自若的海龟，慢悠悠地在海底或岩壁上爬来爬去，一些像自由鱼的潜水迷们，在海底流连忘返，与这些海水精灵畅游嬉戏……难怪，有人曾这样感叹：“没有游过蓝洞，枉到塞班岛！”

蓝洞是人们潜水的热衷之地，而位于塞班岛西侧，军舰岛沉船潜场也是一处潜水的妙地。周长不过 2 公里的军舰岛被细柔的银白色沙滩所围绕，外围则由布满珊瑚礁的长堤护卫着。

军舰岛的海底有不少战争时期遗留下的飞机和军舰残骸，如果从岛屿北边的跳台潜入水中，就能看到一条长约 40 米的大型沉船，上面长满了彩色软珊瑚，色彩缤纷的蝶鱼、粗皮鲷、雀鲷穿梭其间。若是带着两根火腿肠在水下揉碎，成百上千的珊瑚鱼便会蜂拥而至，睁着滴溜溜的双眼围着你打转，此时，你便成了海底世界的绝对“主角”。

如果潜水还不能满足你追求特别的心，那么到马里亚纳海沟去钓深水海豹吧。马里亚纳海沟位于菲律宾东北、马里亚纳群岛的海底，是目前地球上最深的海沟，也是虾、乌贼、章鱼、枪乌贼、海豹的天堂。跟随着船长的脚步踏上船，将鱼线甩入海中，便可静静地等待海豹上钩。当鱼线突然下旋时，那一定是海豹的杰作。用力拉回鱼线，身如利剑的灰色海豹便可用来做生鱼美餐了，真是其乐无穷。

查莫罗人的热情与奔放

塞班的美并不止于此，当你融入塞班土著居民的生活中时，才会发现原来塞班的人文风情也如此迷人。塞班的土著居民是查莫罗人，定居塞班岛长达数千年。虽然在历史变迁中，查莫罗文化在逐渐消失，但是在天宁岛的塔加族村落，依然能感受到浓浓的查莫罗文化气息。踏足塔加族村，一座座茅草房屋映入眼帘，它们被绿树所掩映着，而一些形状各异的石头零散在角落里，那是查莫罗人用来做屋基的“拉提石”。查莫罗人大多发色棕红，皮肤呈古铜色且膀大腰圆、裸露着上身。查莫罗人的生活自由而闲适，男子们每日充当着渔夫的角色，在大海里辛勤耕耘，闲暇时则会三五人聚在一起做斗鸡游戏；而女人们则相邀在家，共同编织篮子或草裙。

查莫罗人是跳草裙舞的能手，在塔加族村落北面的大型酒店，你都能欣赏到草裙舞的歌舞表演。女子们带着花环，穿着椰壳上衣，随着音乐扭动着曼妙的身姿，草裙沙沙地摇摆在美丽女子的臀部，热情、奔放。当她们露出带有野性的微笑时，又那么迷人勾魂。男子们则光着上身，腰围椰子裙，做出打水、游泳、潜水的姿势……举手投足间，展现着浓浓的原始风情。

每年，查莫罗人都会到靠近塔加海滩的石屋遗址祭祖，那里留存着查莫罗人最古老的记忆。公元前 3000 年，查莫罗人的祖先就居住在这里，他们以切割拉提石做房屋基地，因为拉提石不仅坚固，而且能防震。这里的石屋便是由拉提石所建，如今这里仅存的一根高 6 米的拉提石头柱子和十余件残存的拉提石块，散落在草坪上，看上去冷清而孤寂。随着查莫罗文化的渐渐消失，拉提石已显得弥足珍贵，石屋遗址也成了岛上居民的祭祖圣地。

住宿

· FIESTA RESORT AND SPA SAIPAN（塞班悦泰酒店）

地址：Capital Hill Rural Branch。

酒店距机场仅 15 分钟车程，紧邻岛上唯一一家 DFS，同时它还在塞班最好的海滩——密克罗海滩上占据一席之地，塞班环礁尽在咫尺，随时可以看最美的海景及日落，对于带着孩子旅行的家庭来说，酒店里新修建的小型水上乐园是消磨时光的好去处。

· Aqua Resort Club Saipan（塞班清泉度假村俱乐部）

地址：P.O.Box 50009 Achugao Saipan Mp 96950 Northern Marianas。

这家小巧华丽的别墅型酒店，位于塞班岛美丽的 Achugao 海岸，整个度假村的设计都十分有品位，充满现代奢华与热带海岛风情糅合之后的舒适别致。为数不多的客房几乎全部由别墅组成，几乎每一个细节都精致优雅。

· Saipan Grand Hotel（塞班格兰酒店）

地址：Beach Rd. Susupe PO BOX 500369，Saipan MP96950，Northern Mariana Islands。

塞班格兰酒店是一家坐落在近思书浦区海滨（Susupe）的老字号酒店，由原建的本馆和新建的新馆两部分组成。这家老字号酒店的独特魅力，就在于它所有的客室都可以看到大海。餐厅里除了专业的日本师傅悉心制作的日本料理，还有最具塞班当地风味的查莫洛料理。

交通

中国南方航空开通了每周两班广州往返塞班、上海往返塞班的包机航线；东航开通了每周两班上海往返塞班的包机航线。北京也有直飞塞班岛的航班。太平洋岛航空（Pacific Island Aviation）和自由航空（Freedom Air）的航班，往返于塞班和天宁、罗塔之间，岛上没有公共汽车，可以选择出租车或是酒店提供接机。

塞班岛出租车起价 3 美元，以后每 0.25 英里为 0.7 美元，多数在酒店兜客。巴士往返于酒店和市中心的购物场所，每 20 分钟一班，车费低廉，一天巴士乘车证成人每位 3 美元，儿童每位 2 美元。

旅游 TIPS

1. 一定要买好墨镜、太阳帽、防晒霜以及修护霜。

2. 去军舰岛浮潜，自带泳衣泳镜。

3. 入境的最后大厅有免费地图（有些酒店也有），注意先拿一份看看。

4. 岛上有很多活动，但是要预约。

5. 塞班岛只能用美元，同时那里的物价比较高，对于一些热心前来“兜售”的人，谨慎对待。

夏威夷

太平洋上的珍珠，壮美的火山之域

马克吐温曾说："夏威夷是大洋中最美的岛屿，是停泊在海洋中最可爱的岛屿舰队。"诚然，夏威夷这座位于太平洋上，由124个小岛和8个大岛组成的群岛，自1778年被航海家库克船长发现以来，就一直在世人眼中展示着妖娆风情。它就像一串最耀眼的珠链，在浩瀚无际的太平洋中闪烁着，温婉多情的海岸，激昂雄壮的火山，浴火重生的海港，妩媚多姿的原住民风情……

海滩的慵懒与激情

蓝天、白云、阳光、沙滩，这是任何一座海岛都不会缺少的元素，而夏威夷的Lanikai海滩，无疑将其发挥到了极致。Lanikai海滩位于欧胡岛，全长约1 600米，狭长的海岸边上，风姿摇曳的棕榈，洁白的细沙以及碧蓝的海水相映成趣。夏威夷是全球四大游艇集中地之一，顶尖富豪们的豪华游艇，让夏威夷的海岸总是充满着奢靡的情调。因此，在Lanikai海滩，你总能看到这样的景象：一艘艘游艇整齐地停靠在海滩附近的港口，白天，穿着花哨衬衣、戴着墨镜的富人们或躺在甲板躺椅上享受日光浴，或聚在一起，一边品着红酒，一边打着小高尔夫；到了夜晚，游艇歌舞厅里欢笑声被海风传出老远，醉人的鸡尾酒将夜晚渲染得活色生香……

如果想要来一次全身心的挑战，那么威基基海滩的冲浪运动，也许能让你得到淋漓尽致的释放。夏威夷冲浪运动由来已久，早在1778年，英国皇家舰队的库克船长就曾在群岛附近的海域，看到过原住民乘着木板娴熟地在海浪上驰骋的身影。虽然冲浪在历史上一度被宗教势力压制，但是这项运动依然传承至今。

基拉韦厄火山喷发后留下的火山口，虽然频繁喷发，但火山周围已经逐渐有人在此聚居。

每年冬季是冲浪最好的季节，此时，瓦胡岛的威基基海滩便成为了弄潮儿的天堂。海滩东起钻石山下卡皮奥拉妮公园，一直延伸至阿阿拉威码头，全长约 400 米，在海风与珊瑚礁的相互作用下，能够击打起数尺高的浪花。身手矫健的冲浪者踏着冲浪板，或忽高忽低地翻腾在白浪之中，若隐若现；或屈腿一跃踏上浪尖，游刃有余地驾驭着脚下气势磅礴的海浪。

火山，热烈与激情的代言

如果说海滩诠释着夏威夷的浪漫，那么火山无疑是其激情的代言。夏威夷共拥有 5 座火山，位于夏威夷第二大岛——茂宜岛上的哈利阿卡拉火山是世界上最大的休眠火山，在当地租一辆敞篷“野马”车，沿着哈纳之路可近距离欣赏这座火山留下的壮美痕迹。火山海拔 3 000 多米，火山口深达 800 米，环绕周边长 34 公里，内部数千亿计的熔岩块，是火山喷发时熔融或部分熔融的岩屑飞入空中，然后落下冷却形成。光怪陆离的熔岩块从山顶浩浩荡荡绵延而下，或小如鸭蛋，或大如私家小汽车，在落日余晖中，仿佛还散发着昔日火山爆发后的余温。这样的场面不禁令人遐想，当年火山喷发时，到底是怎样一番激烈场面？

与休眠的哈利阿卡拉火山不同，基拉韦厄火山却是一座活火山，这座曾在 30 年内喷发超过 50 次的火山，随时都在酝酿着难以熄灭的激情。基拉韦厄火山海拔 1 247 米，火山口深 130 余米。传说，这座活火山是失恋女神碧蕾居住的地方，火山喷射的火焰便是碧蕾的炉火。当她面对爱情失败发怒时，熊熊火焰串上天空，艳丽妖娆。如果你有幸遇到火山喷发，那么一定会看到这永生难忘的场景：岩浆如浪花般向上翻涌，炽热的熔岩如溪流般从山隙间蜿蜒而下，在山脚低洼处，汇聚成巨大的岩浆湖泊，岩浆翻滚沸腾发出的咕噜噜声，仿佛是大自然余怒未消的叹息。沿着冒纳罗亚火山东南斜坡上走，还可以看到冷却的硫黄矿堆积起来的平原和熔岩隧道，闻着淡淡的硫黄味道，仿佛那汹涌的喷发仍在昨日。

珍珠港，观看第二次世界大战遗迹

若是来到夏威夷，珍珠港一定要去。珍珠港位于瓦胡岛西部，在波利尼西亚人的信仰中，珍珠港是受鲨鱼神保护的神圣乐园，然而残酷的战争，却毫不留情地破坏了这座美丽的港口。在“珍珠港事件”中，大部分建筑在炮火中成为残垣废墟，无数岛民流离失所。

数十年过去了，战争的硝烟早已远去，如今的珍珠港如同一只浴火重生的凤凰，显得越发美丽。海湾岸上曳动的椰林树影，在纯净的蓝天白云下，和谐而安然，然而港口的几座军舰博物馆，依然提醒着人们勿忘过去。珍珠港事件纪念馆是一座于 1980 年建立在“亚利桑那号”军舰残骸上的博物馆，远远望去，如同一座通体白色的拱桥。进入博物馆，透过中央仪式厅，可以看到沉没于海底的“亚利桑那号”战舰若隐若现的舰体，连接着海底舰体的一根旗杆顶端，星条旗正迎风招展。

在“亚利桑那号”战舰后方，便是“密苏里号”战列舰纪念馆。灰色的舰身高 270 米，超过 20 层，舰上 9 门 406 毫米的巨炮，远远看去庄严肃穆。

热烈多姿的波利尼西亚风情

波利尼西亚人是夏威夷的原住民，这些热情开朗的土著早在 1 000 多年前就开始在夏威夷定居，直到今天，依然保留着热烈野蛮的传统风情。当你踏足岛屿时，皮肤黝黑的淳朴汉子会为你戴上栀子花编织的花环，他们从不吝啬自己的微笑，更乐于向你露出健康洁白的牙齿，热情地说：“阿喽哈（你好）。”这里的女人是最亮丽的风景，她们着一身色彩鲜艳的穆穆袍或草裙，或扭动着身姿在沙滩上漫步，或娇俏地坐在船尾，毫不犹豫地在你面前表现她们

穿着鲜艳草裙的姑娘正在热情地为远道而来的游客表演草裙舞。

的热辣与野性。

如果你想要体验更为地道的波利尼西亚民俗，那么一定不能错过位于瓦胡岛的天堂湾民俗村，在这里，盛大的“卢奥节”，将为你展现出原汁原味的波利尼西亚风情。在土语中，“卢奥”即“夏威夷式宴会”，这是只属于波利尼西亚的美食盛宴。波利尼西亚人会在一年中任选一天举行“卢奥节”，节日当天，男人们会在地上挖出巨大的坑洞，垫上石头烤制烤猪，而女人们则会忙碌着制作各种配菜：用猪肉和米饭制成猪肉饭团，用新鲜的金枪鱼和鳄梨做成的POKI……

盛宴为舌尖带来足够的畅爽，而宴会中的草裙舞表演，更是将人们的情绪调到最高。在波利尼西亚的神话中，舞神拉卡是草裙舞的开创者。有一次，她跳起草裙舞招待她的姐姐火神佩莱，佩莱看后便用火焰点亮了整个漆黑混沌的天空。从此，草裙舞就成为向神表达崇高敬意的舞蹈，夜幕降临，头戴花环、身着缤纷草裙的少女翩翩起舞，那如水的眼波、那热烈扭动的腰肢，那轻盈的转身、那深情的回眸一笑……曼妙妩媚，令人心醉神迷。

除了风情万千，波利尼西亚文化也有肃穆的一面。夏威夷历史上最伟大的首领——卡美哈美哈一世，就出生在夏威夷岛，所以岛上到处都有与他相关的遗迹。威庇欧山谷又叫“国王谷”，这里保存着距今1 000多年的普吾可霍拉神庙，相传这是卡美哈美哈一世修建起来奉献给战神的。神庙由一块块巨大的石块建成，没有使用任何灰泥等黏合剂。普吾可霍拉神庙附近便是摩津尼神庙，建于公元480年，它是夏威夷最古老、最神圣的历史景观之一，站在沧桑的古迹前，眼前仿佛浮现出了数千年前，原住居民虔诚祈祷的景象。

住宿

· The Modern Honolulu（火奴鲁鲁现代酒店）

地址：美国夏威夷 欧胡岛 / 火奴鲁鲁 1775 Ala Moana Boulevard。

这间酒店位于檀香山（Honolulu），拥有两座异国情调的游泳池，享有美丽的海洋美景，毗邻威基基海滩的沙子，并设有一间世界一流的餐厅和 3 间酒吧。酒店宽敞的客房享有开放的视野，拥有充足的自然光线，设有免费无线网络连接、定制床铺和一台 46 英寸平面电视。

· Aqua Palms Waikiki（威基基阿瓜棕榈酒店）

地址：美国夏威夷 欧胡岛 / 火奴鲁鲁 1850 Ala Moana Boulevard。

这家酒店位于檀香山阿拉莫纳大道上，距离威基基海滩和杜克卡哈那莫库泻湖有 5 分钟步行路程。设有室外游泳池，所有客房都设有私人阳台。酒店的每间客房都提供 42 英寸壁挂式平面电视、本地产夏威夷咖啡和咖啡设施，可以在室外游泳池放松，或在酒店内活动服务台的帮助下安排一天的冒险行程。

· Holiday Inn Resort Waikiki Beachcomber（威基基海浪假日酒店）

地址：美国夏威夷 欧胡岛 / 火奴鲁鲁 2300 Kalakaua Avenue。

温柔的海风、碧蓝的海水和一望无际的纯净沙滩吸引了无数的旅客前来夏威夷。如今，威基基海浪假日酒店从热带风情和阿罗哈精神中汲取灵感，以崭新的面貌恭迎前来夏威夷游玩的旅客。对于梦想来到素有“人间天堂”之称的夏威夷度假的客人而言，酒店以其位于夏威夷中心的地理位置广受青睐。

交通

夏威夷火奴鲁鲁国际机场，距檀香山市中心4公里，距威基基海滩8公里。所有的美国大型航空公司和许多国际航空公司，都有直飞航班，或者从美国大陆直飞茂宜岛、大岛。机场到达夏威夷之后，在众多岛屿之间的交通以搭乘飞机为主，夏威夷飞机班次多，各主要岛屿之间的飞行时间为20~40分钟。

夏威夷主要交通工具为公共汽车，且最便宜，也有出租车。当地有一种叫威基基电车的敞篷交通工具，以及一种黄色的Trolley Tour购物巴士，途中经过的大部分是购物中心与商场。

旅游TIPS

1. 中国国内查询航班时，抵达城市要写“火奴鲁鲁”，写“夏威夷”是查不到的，且早晨和晚上的航班通常较便宜。

2. 夏威夷比北京时间晚18小时。如夏威夷是凌晨1点，则北京是当天晚上7点。

3. 酒店内一般设有收费电视、电话、有偿饮料及小食品等，请询问清楚费用后使用，以免结账时发生误会。

4. 夏威夷自来水可直接饮用，怕水土不服的游客建议饮用瓶装水。

5. 当地特产有夏威夷火山豆、可爱岛饼干、大岛的柯纳咖啡、茂宜岛的洋芋片和果酱以及夏威夷牛肉干等。

6. 如果从夏威夷出境到美国本土，所有携带的夏威夷农产品都必须接受当地海关农业部门的检验。

关岛

浪漫美地，流传着“梁祝”式的传说

关岛，太平洋上的翡翠，浪漫、迷人，在马里亚纳群岛最南端闪烁着梦幻般的光泽。1621年，西班牙航海家麦哲伦偶然发现了关岛，也由此，这座遗世独立的绝美之地开始进入了世人的眼球。传说中凄美的情人崖、神圣华美的水晶殿堂、终生难忘的高空体验、热情如火的查莫罗风情……似乎每一处都氤氲着温情和浪漫。

情人崖与杜梦湾，编织爱情的甜蜜

天蓝水清、棕榈妖娆的海岛，似乎总能让人的心扉漾起缱绻浪漫的情愫，关岛也是如此。这座位于太平洋马里亚纳的美丽岛屿，历来都是人们心中最柔美的地方，因着情人崖，因着杜梦湾……

情人崖也被称为“恋人岬”，位于关岛西北部杜梦湾的最北端。远远看去，这只是一座普普通通的山崖，但谁又曾知道，这里却曾经发生过一段“梁祝”式的凄美爱情故事……

传说在西班牙统治关岛时期，一名西班牙将军如痴如狂地爱上了一位土著姑娘，并要娶她为妻。为了逃避逼婚，姑娘选择了和自己的恋人逃亡，当他们逃到一座陡峭的悬崖边时，互相将彼此的头发紧紧地绑在一起，拥抱着向高达123米的悬崖坠下，至死不分离，“情人崖”由此而来。全世界的恋人们慕名来到关岛，有的在这里拍婚纱照，有的在这里度蜜月，有的仅仅是为了追本溯源……他们携手走过山崖边的长长廊桥，在崖顶的广场，将象征着山盟海誓的爱情锁挂在岩壁之上，并敲响一旁象征爱情忠贞的悬钟。然后在钟声的回荡之中，相依相偎在崖边，看着海鸥翻飞，海浪翻卷，直到日薄西山……

落日染红了情人崖的天空，在这浪漫的时刻，不仅每一对恋人，就连身后的杜梦湾，也显得那么如痴如醉。杜梦湾是一条长达 4 公里的狭长海湾，像一弯明月悬挂在关岛西北海岸。柔和的海风、细软的白沙滩、温暖的阳光、湛蓝的天空，就是它的主基调。很多浪漫男女将婚礼之地选在这里，除了贪念它的海天美景，还因为这里有着美丽的教堂。位于杜梦湾北埔凸出的岬角，有着关岛最豪华最美的水晶教堂，水晶教堂是一座哥特式建筑，如两面微开的纯白扇贝般插在水面上。走进教堂，仿佛进入一个水晶般的透明世界，纯净的白色内墙嵌入蓝色彩绘透明玻璃，与大理石铺成的地板、白色的钢琴、白色的木质宾客椅相互辉映。随着《结婚进行曲》的奏起，新人们轮流进场，在牧师的见证下立下誓约，携手走过人生最美的一段。

风景秀丽的情人崖，不知多少情侣在此心语“我能想到最浪漫的事，就是和你一起慢慢变老……”

关岛的婚姻殿堂其实并不只有水晶教堂一座，位于里奥皇宫度假村内的里奥皇宫教堂，也是神圣婚姻的见证者。里奥皇宫教堂是一座 12 米高的拱形教堂，远远看去就像一枚浪漫婉约的婚戒。走进教堂，便能看到近 2 000 粒大大小小的施华洛世奇水晶从天花板垂下来，因海水的折射，教堂内不断地闪耀着不同的颜色，仿佛美妙梦幻的童话世界。如果能在这里携手着恋人的手说“我愿意”，是多么令人向往啊！

跳伞与水浴，享受激情与舒适

人生一定要有一次挑战，比如攀登珠峰，也比如深海潜水，在关岛，跳伞不仅是一项刺激挑战，也是欣赏关岛美景的最佳方式。skydiveGuam Inc 位于关岛机场附近，是关岛唯一一家跳伞店，那里随时都聚集着既兴奋又紧张的游客，等待着登上跳伞飞机。当飞机攀升到 2 000 米、3 000 米，乃至更高的高空，随着一名名挑战者从机门悬空俯冲而下，一声声高分贝尖叫也在空中响起，直到降落伞慢慢地舒张开，才渐渐消失。抬眼看天空，一个个或高或低的降落伞，犹如彩蝶在空中飞翔；俯瞰大地，关岛的座座青山和晶莹海浪在阳光下清晰而动人。

刺激过后，到伊纳拉汉天然池体验一次海水浴，无疑是最极致的享受。伊纳拉汉天然池位于伊纳拉村，是由珊瑚礁围成的一个环状海水区域。由于珊瑚礁的阻挡，天然池与外环隔绝，即便池外海浪波涛汹涌，池内仍是一片风平浪静。海水清澈剔透，偶尔点缀着一块块绿色礁石，四周则是一片翠色的青山，环境极佳。从浅滩漫步而下，任晶莹碧透的海水漫过身体，在温婉的阳光照射下，是那么清凉沁骨和与众不同。

草裙舞与拉提石，查莫罗人的记忆

虽然关岛被西班牙、日本和美国轮流占据了数百年，但这里的主人，却仍然是有着 3 000 多年历史的查莫罗人。如果你想了解他们，不妨去查莫罗文化村看看。查莫罗文化村位于关岛南部，葱茏的椰树、芭蕉树遍布整个村落，低矮的茅草房屋掩映其中，一条条泥巴小道从茅草房蜿蜒着延伸进了树林中。走进文化村，膀大腰圆的查莫罗男子面含微笑，略带自豪地介绍着他们的文化，那裸露着的上身露出浅咖啡色的皮肤，配上一头浓密的棕红色头发，显现出纯正的大海子民的特色。查莫罗文化村洋溢着浓烈的生活气息：草棚下，年轻男子用椰子叶织帽子或者编篮子；女人们用蜂窝当作烤箱来烤制酥香的饼干；三五成群不分年龄的人在椰树旁的小土坝上跳着查莫洛舞蹈，一旁观看的游客也融入其中，笨拙地学着他们的动作……

在村庄以西不远处，每周星期三都会举办夜市。当夜幕降临，夜市上早已游人如织，西

头上蓝天白云，地下绿树成荫，明净清亮的自然风光，为关岛增添了一份闲适清悠。

班牙风味的红砖建筑林立在街道两旁，五颜六色的简易棚下，传统手工艺品、手工巧克力以及当地美食琳琅满目。来到这里，最不能错过的便是用排骨和鸡肉在酱汁中腌制 3~4 小时后，用木炭烤制而成的查莫洛烤肉了，其味香浓而不腻。大快朵颐后仍唇齿留香。吃饱喝足，不妨前往夜市的中心广场，在火把围成的圈内，美丽的查莫罗女子扭动着曼妙的身姿，踮着脚尖轻盈而快速地旋转，时而露出深情妩媚的一笑，令人心醉。

公元 500 年，勤劳的古查莫罗人就已掌握了用拉提石建造房屋的技术，位于关岛南部阿加尼亚区的拉提石公园，就珍藏着这些古老的遗迹。公园内存留有 8 座高约 2.5 米的拉提石，上半部分是由天然的半球状珊瑚岬构成的圆形石帽，帽下则是由珊瑚灰岩组成的石柱。石帽和石柱一凸一凹地完美密合，据说还有避震的功能。查莫洛文化村的房屋就是由 6~12 个巨型拉提石分成两列，并排竖立，然后在巨石上架起木头、茅草、树叶搭建而成的。

住宿

· The Westin Resort Guam（关岛威斯汀度假村）

地址：美国 关岛 105 Gun Beach Road Tumon Bay。

关岛威斯汀度假村客房舒适温馨，可让您尽享舒适与酣睡。部分客房内设独立淋浴间和浴缸、免费瓶装水、迷你吧、无线上网（收费）、茶 / 咖啡机等设施。并提供健身中心、儿童娱乐室、水疗、游泳池（儿童）、按摩浴缸等多种休闲设施。

· Holiday Resort & Spa Guam（关岛假日 Spa 度假酒店）

地址：美国 关岛 881 Pale San Vitores Rd。

酒店距离白色的 Tumon 沙滩有 1 分钟的步行路程，提供有限制的免费无线网络连接、4 间餐厅、1 间酒吧和 1 个日间 Spa 设施。客人可以在健身中心锻炼身体以及在游泳池游泳。所有客房都设有阳台和有线电视。

· Guam Reef & Olive Spa Resort（关岛珊瑚礁和橄榄温泉度假酒店）

地址：美国 关岛 1317 Pale San Vitors Road。

酒店距离关岛国际机场仅有 7 分钟车程。酒店设有室外游泳池和 Spa 中心，也可为客人提供免费无线网络连接。客房配有空调、冰箱、电热水壶和有线电视。

中国旅客可由香港搭乘美国大陆航空前往关岛。由北京及上海飞往关岛，日航每日均有航班飞往东京或大阪，再转机飞往关岛，或乘大韩航空经首尔飞往关岛。目前，机场前往市区尚无公共汽车可搭乘，但大部分酒店均提供机场免费接送服务；搭乘出租车前往市区单程约 10 美金。本地其他地区的交通主要以巴士、出租车、租车为主。

交通

旅游 TIPS

1. 关岛马路的红绿灯是要行人自行按键才会启动，而且速度超快的，往往走不到一半，就变成了红灯，过马路时须注意。

2. 关岛雨多，随身携带雨具很有必要，因其四季如夏，防晒乳液、遮阳用具、太阳眼镜也必不可少。

3. 这里的小费文化已经有一定的历史，支付小费是对满意服务的表示。通常每天在客房留 1 美元给服务生，每件行李给行李员 1 美元；应支付餐厅服务生及出租车司机使用金额的 10% ~ 15% 作为小费。如果账单已包含小费，则不必额外支付。在支付小费时，用纸币支付才表示礼貌。

4. 自来水不能直接饮用，最好是到附近的便利店买矿泉水饮用，也可以使用酒店内的电热水壶烧水饮用。北马里亚纳群岛没有淡水资源，所以淡水在岛上是很珍贵的。游客在岛上应珍惜用水！

帕劳群岛

星子般洒落的岛群，飘悠着万千水母

浩瀚无际的太平洋，有这样一个岛国：它被海洋学家公认为“世界七大海底奇观之首”“十大世界胜地之一”；因为拥有 1 500 种瑰丽的珊瑚，也被称为“上帝的水族箱”……它就是太平洋的上“彩虹之乡”——帕劳群岛。

尽管帕劳语里并没有“神奇”“彩虹”两个词，但这里却处处展现着不可思议的美妙色彩：荧荧闪烁的七彩海水，独一无二的水母湖，神秘奥妙的蓝洞，色彩斑斓的海底花园……

灿若繁星的海岛，环绕着七彩的海水

帕劳群岛位于西太平洋，关岛以南约 1 100 公里处，是太平洋进入东南亚的门户之一。整座群岛由 200 个珊瑚岛和火山岛组成，分布在南北长 640 公里的海面上，从高空俯瞰，仿佛颗颗繁星，密密麻麻地洒落在镜子似的海面上，闪烁着璀璨的光芒。

天蓝、宝蓝、淡蓝、瓦蓝、深蓝……人们印象中的海水大抵就是这些颜色，然而在帕劳，你的认知无疑会被颠覆。帕劳的海水共有七种颜色：除了海水通常的蓝色，在牛奶湖，火山爆发后留下的火山灰溶解在湖水中，呈现出一湖牛奶似的绵白；经过数万年地壳运动而形成的水母湖，则是一色梦幻的橙黄；有的湖泊繁殖着大量的海藻，湖水也显现出墨玉般的绿；有些海域因海底岩石风化剥蚀，呈现出白里透黄的颜色；有些海域因珊瑚虫遗骸堆筑，所形成的黑色礁岩把海水也染成了深灰；而在更多的海域，更是呈现出五彩斑斓的综合色泽……

水母湖，独一无二的水母景观

除了明艳多彩的海水，帕劳还有全世界绝无仅有的自然生态——水母湖。在帕劳大大小小70多个咸水湖中，水母湖是最为神奇的一个，它位于埃尔·马尔克岛东部，面积仅0.057平方千米，深约30米。然而就在这小小的湖泊中，却生活着超过1000万只无毒水母。

在数万年前，水母湖曾是海的一部分，由于地壳的运动，周围海床升高，逐渐将它与外海隔绝，形成了一个普通的内陆咸水湖。湖中大多数海洋生物因此而消亡，但水母却顽强地生存了下来，因为没有天敌，水母的毒囊慢慢退化，逐渐成为无毒水母——这在全世界都是独一无二的，因此当1982年《美国国家地理杂志》出版后，水母湖立刻在全世界引起了轰动。

就像大多数植物一样，水母喜爱阳光，并利用阳光进行光合作用，吸收养分维持生命。每天清晨当太阳升起时，湖里成千上万的水母开始慢慢从湖底一个接一个地浮上水来，在阳光的照射下，闪耀着梦幻般的金光，十分耀眼。

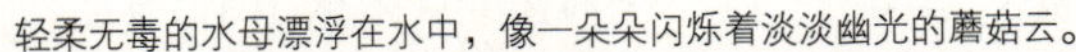
轻柔无毒的水母漂浮在水中，像一朵朵闪烁着淡淡幽光的蘑菇云。

水母湖码头提供潜水服务，当你跃入水中时，光影的变幻交错会让你产生仿佛进入了繁星浩瀚的宇宙的错觉。待回过神来，这些形似蘑菇的可爱小生物，已经一鼓一鼓地撑着橙红色的大头“降落伞”，没头没脑地向你轻轻撞来。吻它们一下吧，也许这会成为你终生难忘的回忆。

做一条鱼，遨游在蓝色光影里

得天独厚的海底地势，造就了帕劳“潜水圣地”的美名。蓝洞、海底断层……一切潜水场所应该有的元素，在这里都能找到。

帕劳的蓝洞位于洛克群岛乌拉萨佩岛中西侧的软珊瑚区，是由珊瑚礁和海底岩石形成的天然洞穴。蓝洞里有一条布满柳珊瑚的横洞，可通往外界的悬壁，由于这里被深海和浅海的水交汇冲击，水流总是会往上涌去，因此当有阳光射进来时，通过清澈通透的海水，能看到千姿百态的海洋生物被冲上云。沿着横洞游 15 米便是呈 V 字形的蓝角悬壁，悬壁垂直落差约 80 米。潜入其中，成群的粗皮鲷、梭鱼等满海皆是。偶尔，三五成群的鲔鱼如乌云般从你面前掠过，顿时如身处黑暗的深渊。鲨鱼不时也在其中到处盘旋，有时还会从你身后悄悄游过。如果运气好，也可能遇上庞大的鲸鱼或是成百上千的魟鱼群。此时，你若能顶着强劲的水流，攀援在蓝角悬崖的前沿，便能欣赏到鱼群共舞的壮观景象。难怪有人说：“帕劳蓝洞是一个潜水者‘朝圣’的地方。”

除了蓝洞，大断层也深受潜水者喜爱。大断层位于琉群岛北部外海海域，被全球潜水人士公认为“世界七大潜点之首”，享有“海底花园”的美誉。从船上望向海面，一端是碧绿清澈的珊瑚浅海，另一侧则是深蓝色的深海，其分界点就是断层。

断层两侧是不同的世界，在水较浅的环礁区，五颜六色的软硬珊瑚、砗磲贝、海葵交织其中，犹如一座珊瑚花园；千姿百态的鲑鱼、刺尾鲷、狐面鱼、炮弹鱼、红透小丑穿梭其中，显得纷繁而热闹。但在断层另一侧的深海，除了还有大片垂直生长的红珊瑚，为逐渐昏暗的海水努力提供一丝鲜活以外，看不到任何生命的迹象。继续往断层潜下去，光线越来越暗，四周也越来越安静，恐惧顺着脊梁往上蔓延，和心跳声一起敲打着鼓膜，是继续深入还是打道回府？这，或许就是潜水的乐趣所在吧。

住宿

· 日航老爷酒店

地址：P.O. BOX 10108 Koror，Palau。

酒店坐落于马拉卡岛，有最适合浮潜的天然环境，依山傍海之美景，让你仿佛置身于世外桃源，这里有最专业的潜水装备，让你身心舒畅的 Spa 及国际水平之餐饮服务，是全家体验尊荣假期的最佳选择。

· Airai Water Paradise Hotel&Spa（帛琉爱来度假会馆）

地址：P.O.BOX 8067，Koror，Republic of Palau。

爱来度假会馆客房的与众不同之处在于，每一个房间都可以和帛琉自然美景亲密互动。落地窗结合阳台的整体设计，一开窗就能看到帛琉最天然的整片绿林、碧蓝大海，以及灿烂星空。

· PALAU PACIFIC RESORT（帕劳太平洋度假酒店）

地址: P.O. Box 308，Koror， Republic of Palau。

帕劳太平洋度假酒店位于大岛，是帕劳岛上离机场最近的饭店，欧式庄园概念的帕劳太平洋度假酒店，坐拥一望无际的热带红树林生态区，环抱多层次的南太平洋澄澈海景。

北京没有直飞帕劳的航班，只能取道马尼拉，然后再转飞帕劳；由于航班时间衔接的问题，需在马尼拉住宿一晚，第二天一早再搭乘前往帕劳的飞机；想顺便游览马尼拉的朋友，可以多住一晚，利用白天的时间进行一次马尼拉的市区观光。

在帕劳有出租车可以搭乘，须使用出租车的话可通过饭店叫车。岛上的主要交通工具除了出租车，就是快艇和船。

交通

旅游TIPS

1. 帕劳当地使用美元，信用卡可以使用，但使用的地方很少。

2. 帕劳的电压为 110 伏，60 赫兹，电源插座为扁平两头的美式插座，需要准备转换插头。

3. 帕劳对旅客随身携带的药品检查得非常仔细，如果一定要带药，请携带包装印刷上有明确英文说明的药物，否则会在海关被没收。

4. 中国移动在帕劳部分地区可以使用，中国联通、中国电信不可以使用。帕劳电话费很贵，建议在当地购买 10 美元一张电话卡，可以通话 28 分钟。

5. 出海会比较晒，穿长袖防晒衫很实用。浮潜时建议租用长袖潜水衣以备防晒。使用防晒油最好是天然成分的，以免影响水中的海洋生物，尤其是在水母湖潜水时更要注意别伤害水母。

6. 水母可轻轻碰触，但不可将水母拿出水面，不可在水母湖中急速游泳或大动作自由泳。

大堡礁

掬一捧珊瑚礁间的浪漫，装点甜蜜爱情

如果把海洋比作蓝天，那么大堡礁一定是天边那道彩虹，梦幻、靓丽，宛如众神鲜花盛开的后花园，亦如最纯洁浪漫的爱情。自大堡礁被发现以来，这片全世界最大的珊瑚礁群就以其瑰丽的珊瑚岛群和炫彩的海底世界，成为了全世界求婚成功率最高的地方，在大堡礁蔚蓝浅绿的柔波里，圈圈点点都是温柔。

春日的大堡礁是最美的，形状不一，或翠绿或橙黄的珊瑚林在微醺的海水中招摇；满月的春夜，珊瑚虫在海面交配，整片大海便成为了星空，星星点点的珊瑚虫卵便是那万千星子；白色的裙裾飞扬，又是谁在心礁上说着绵绵情话……

珊瑚与珊瑚虫，大堡礁最瑰丽的语言

大堡礁位于澳大利亚东北沿海，呈南北走向，绵延 2 011 公里，最宽处 161 公里，总共有 2 900 多个珊瑚岛，是全世界面积最大的珊瑚礁群。大堡礁的海底分布着数百种珊瑚，色彩斑斓，造型不一，有的如同枝繁叶茂的树木，翠绿的树叶在海水中摇曳；有的如同蘑菇，星星点点地爬满巨大的海底岩石，颜色呈黑白，小巧可爱；有的如同开屏的孔雀，在交错的光影中微微变幻着色彩；有的又如同傲雪红梅，在海底开出一朵朵娇艳……身姿优美的蝴蝶鱼，色彩艳丽的雀鲷，活泼灵动的小丑鱼在珊瑚丛中穿行游弋，整个海底世界显得既浪漫又生动。

五彩缤纷的珊瑚丛是大堡礁最瑰丽的语言，也是人类的巨大财富，但与其将它们的存在归功于造物主的神奇，不如说应该感谢珊瑚丛真正的建筑师——珊瑚虫。珊瑚虫体长 2~3 毫米，

从高空俯瞰，美丽的心礁如同一块诱人的巧克力奶油蛋糕。

属腔肠动物，因为没有骨骼，所以珊瑚虫只能利用身体尾端的吸盘依附在岩石之上，用丝带一般的触手来捕捉食物。珊瑚虫都是技艺高超的建筑师，它们会分泌出一种石灰质，用来建筑自己的巢穴。一代代老珊瑚虫死去，一代代新的珊瑚虫出生，石灰质的巢穴也就越来越大，越来越壮观。百万年、千万年过后，终于形成了壮丽的水下森林。

珊瑚虫的繁殖期在春季，明月高悬的夜晚，你总能在珊瑚岛周围的海面上，看到星星点点的彩色光芒，有蓝色、红色、绿色、橙色……那是珊瑚虫的精子和卵子。珊瑚虫再将精子和卵子释放到海面上，精子与卵子结合，慢慢孕育出珊瑚虫幼体，然后随着潮汐找到一块坚固的物体，继续像它的祖辈们一样开始建设海底世界。

珊瑚岛，让浪漫生根发芽

大堡礁的珊瑚岛众多，如同珠玉一般散落在澳大利亚的外海，点缀着这片蔚蓝世界。在这些珊瑚岛中，最著名的非心礁莫属。作为全世界求婚成功率最高的地方，大堡礁得此桂冠，心礁功不可没。心礁是一座自然形成的心形岛屿，从高空俯瞰，心礁孤立在碧蓝的海水中，岛屿中间的沙质呈奶油白，而周围一圈珊瑚礁则呈现出巧克力一般的褐色，看上去既温馨可口，又浪漫甜蜜，也由此，无数来自全世界的海誓山盟，就在这里诞生。

和心礁一样，弗兰克兰岛同样是一座无人岛。岛屿被珊瑚礁所环绕，风光宜人，并不大的岛屿上遍布着浓密的植被。岛上最著名的景点是怀特黑文沙滩，沙滩长约 6 公里，沙质洁白细腻，如同一块细长的白色布匹。沙滩上的游人并不多，这是因为岛屿每天规定了游客上限。同时，弗兰克兰岛的环保也做得很出色，游客不能在岛上留下任何垃圾，也不能携带任何东西出岛。

大堡礁的海洋生物众多，如果想要和萌萌的海龟近距离接触，那么雷恩岛是个不错的选择。春天是海龟的繁殖季，上千只海龟便会趁着大好春光，笨拙地爬上雷恩岛产卵。龟卵的孵化期大约八周，2 个月后，小海龟们便会撑破蛋壳，与母亲一起返回大海。但生命的成长总是艰辛的，就是这一小段路，也有着海鸟、螃蟹的虎视眈眈……

昆士兰，阳光与海水调制的柔情

昆士兰位于澳大利亚东海岸，毗邻大堡礁，是澳大利亚大堡礁地区最负盛名的旅游城市。昆士兰就如同阳光与海水调制出来的浓情鸡尾酒，每一个地方都泛着令人迷醉的气息。10 月的昆士兰阳光灿烂，热烈却并不晒人的阳光洒满整座城市，漫长的海岸线上，白色的沙滩在阳光下显得更加洁白细腻，微微翻涌的海浪也变得更加蔚蓝。

冲浪是昆士兰最热门的水上运动，在春天的阳光里，无数冲浪爱好者此起彼伏地在浪潮间征战，健硕的肌肤是最亮眼的风景。玩累了，他们便会返回沙滩，或喝杯果汁谈笑聊天，或沐浴着暖暖的阳光小憩……

大堡礁有着极为丰富的海洋生态系统，海洋生物多姿多彩。

住宿

· **Colonial Palms Motor Inn（殖民地棕榈汽车旅馆）**

地址：2 Hermitage Drive，艾尔利滩。

这是一座度假村式的酒店，价格便宜，每晚 150 澳元起，建筑风格为维多利亚式。酒店有泳池、花园和酒吧等设施，且视野很好，可以看见沙滩和大海。

· **Airlie Beach Apartments（艾尔利海滩公寓式酒店）**

地址：1 Golden Orchid Drive，艾尔利滩。

酒店距离艾尔利镇的商业街很近，购物方便，离海滩也不远，步行十多分钟就能抵达。酒店相对来说较为陈旧，但老板服务周到，价格也不贵。

· **Whitsunday on The Beach（降灵岛海滩酒店）**

地址：269 Shute Harbour Road，艾尔利滩。

酒店的位置很好，离主街和公共海水浴场非常近，可以步行前往。酒店的硬件设施和服务也不错，厨卫齐全，提供租车服务。此外，酒店还有视野很好的露天阳台，可看到美丽的海景。

交通

在中国乘坐前往澳大利亚悉尼、墨尔本等城市的航班，然后转机至大堡礁。

旅游 TIPS

1. 潜水是大堡礁必不可少的旅游项目，别忘了准备一次性水下照相机。
2. 每年 10 月到次年 3 月，大堡礁的海域会有水母活动，浮潜的时候要当心。
3. 记得一定要抹防晒霜，大堡礁的阳光非常强烈。
4. 潜水活动花费大约 5 000 元人民币，会有专门的教练指导。

非洲

Africa

朋友，
请尽情地在这里，
释放你的欢乐、你的悲伤，
每一滴水因你而碧透，
每一寸空气为你而清新。

毛里求斯

跳一支塞卡舞，捧回一抔七彩土

“上帝先创造了毛里求斯，再仿造毛里求斯创造了伊甸园。”在伟大文豪马克吐温的形容里，毛里求斯是一个比天堂更美的地方。虽然语言或许有一定的夸张性，但如果你真的去到了毛里求斯，一定会爱上这个有着碧海蓝天和丰富人文、被称为“印度洋上的明珠”的美丽岛国。

这里有热情洋溢的塞卡舞，有瑰丽迷人的七彩土，有惊险刺激的水上运动……是的，毛里求斯就是这样一个地方，这座梦幻的伊甸园，正等着你去一探究竟。

多元文化背后，塞卡舞欢快独秀

在公元16世纪以前，毛里求斯还是一座荒芜人烟的孤岛，1507年，葡萄牙人踏上了毛里求斯的土地，但很显然他们对这个人迹罕至的地方并不感兴趣，很快就撤走了。直到1598年，荷兰人才开始殖民毛里求斯，至此，毛里求斯正式走进世界舞台。在数百年的风云中，毛里求斯陆续成为荷兰、法国和英国的殖民地，大批来自美洲、非洲、印度的奴隶、囚犯和自由民到此垦殖。时至今日，早已自治的毛里求斯，已然成为了一个多国文化相融的岛国，首都路易港更被人称为“万国城”。踏足路易港，城内殖民时期建筑与现代化建筑掩映在绿树丛中，交错辉映，充满了东方色彩的街巷在建筑群之间蜿蜒。走在街上，不同肤色的行人会与你擦肩而过；街头巷尾的广告牌、路牌和灯箱用不同的文字书写；印度式的寺院、阿拉伯式的清真寺、中式的庙宇在这里并行不悖；如果饿了，那么法国的鱼子酱、印度的咖喱、英国的下午茶、东非的烧鸡、中国客家的梅菜扣肉，一定会让你大快朵颐。

包罗万象的路易港，有着万般风情。但若想远离文明体味原始，那么欣赏塞卡舞是最好

如山丘绵延的七彩土颜色层次分明，掩映在绿树丛林之中，显得愈加缤纷梦幻。

的选择。塞卡是毛里求斯本土独有的民间音乐和舞蹈的统称，男孩们用山羊皮做鼓膜的拉瓦纳手鼓或马拉瓦纳木沙盒伴奏，女孩们则穿上颜色鲜艳的长裙，跟随或急或缓的音乐节拍翩翩起舞。在当地，一天的辛劳之后，三五人围在一起跳一段塞卡舞，已经成为他们消遣的方式。在路易港西北海岸的象牙沙滩边，几乎每天下午都能欣赏到塞卡舞。洁净宽阔的海滩上，温暖的阳光伴随着清凉的海风，带着草帽的男人们敲击着轻快的鼓点、弹着吉他；女子则踩着有节奏的鼓点在细软的沙滩上滑移着脚步、扭动着丰硕的臀部，彩虹般绚丽的长裙随风飘扬，好像镀上一层金色的健康黝黑的皮肤以及明媚的笑容，总是让人眼前一亮……热带岛国的热辣风情在此尽情绽放。曾有人感叹：“如果毛里求斯少了塞卡舞，就会黯然失色许多。”这一定是真的。

妖娆多姿的彩色土，清丽温婉的火山口

如果说触摸天上的彩虹，是一个遥远且永远不能实现的梦，那么毛里求斯的七彩土，无疑能多多少少弥补你的缺憾。七彩土位于岛西南部黑河山上，掩映在葱茏茂密的甘蔗林中间。

据说，七彩土是在 16 世纪由一位在此种植甘蔗田的法国人所发现，在所有的甘蔗林中，唯独这片土地寸草不生。后来经地质学家研究解释，七彩土是由火山喷发而来，因火山岩融化后冷却速度不均匀，以及内含多种金属成分，经过阳光照射后，便出现七色光彩。走近这片绵延起伏的沙丘，黄、赭、紫、红、橘等颜色层次分明，当阳光洒落下来，分外明媚妖娆。身入其中，仿佛进入了一个七彩缤纷的梦幻世界。

夕阳中的椰树林倒影在宁静的海面上，有一种令人一见倾心的唯美。

除了妖娆多姿的七彩土，Trou Aux 火山口的美也令人唏嘘不已。火山口位于毛里求斯主岛的第二大城居尔皮普 (Curepipe，鸠必) 镇边，其表面直径 350 米，底部直径约 200 米，深 85 米。Trou Aux 火山周围是连绵起伏的青山，远看就是其中一座平缓的小山峦，似乎踏脚可及。向下俯瞰，呈凹陷、完美圆形的火山口内布满了翠绿的幽幽青草，每临天降大雨或绵雨时，火山口内便集满一湖绿水，清澈透明，外围则是整齐划一的林木绿树，葱茏苍翠。然而这只是春夏的火山口，每年秋季来临，草木凋零、落叶纷飞，火山口里被铺上一层层黄叶，仿佛一张厚厚的地毯，秋季的萧条美似乎又在这里透出了些许温馨，直到新春伊始，火山口又开始变回四处皆绿的模样。据说，今日美丽的毛里求斯，正是由于几千年前 Trou Aux 火山的爆发而形成的，不过，Trou Aux 火山早就变成了一座死火山，再也未爆发一次。

“摩托车”上的海底世界，风筝线下的冲浪健儿

一双眼怎么能将毛里求斯的陆地风景看个够，如果时间有限，请暂时收眼。这里的水下运动也同样很精彩，正等着你去体验。到毛里求斯东南部的蓝湾进行海底摩托运动就是一个不错的选择。在专业教练的保护下，自行架上一辆海底摩托车向碧蓝的大海驰去。任由你停留在海底，透过宽敞舒适的透明保护罩慢慢地欣赏各种颜色的鱼儿悠闲地游来游去；看千奇百怪的珊瑚轻轻摇曳。也可开至深海珊瑚区，寻找大海鳗和呈圆形的脑珊瑚……这或快或慢、或升或降、或走或停的海底驾驶全随心控制，享受一次无可比拟的摩托车驾驶乐趣。

海底摩托老少皆宜、乐趣横生，风筝冲浪则多了几分刺激。冲浪风筝是一项借助气流充气风筝，脚踩冲浪板的一种集聚刺激、惊险的水上运动。由于毛里求斯一年中大多数时间有利的海风，使得这里成为了全球最棒的风筝冲浪地之一。位于岛西南端的莫纳山海域一带则是冲浪手最青睐的地方，这里日平均风力大于 4 级，风向为 100 度至 160 度。其中名为“单孔(One Eye)”冲浪点更是以 3 米多高的空心卷浪打翻各地无数冲浪高手而更富盛名，因此单孔也成为了挑战者们心中的圣地。每年 7—8 月，毛里求斯则会举办风筝冲浪比赛，来自世界各地的冲浪爱好者纷纷聚集到海拔 566 米的莫纳山的海边，每十几名参赛人员为一组一齐从海上出发，踏着浪板向单孔疾驰，一排排整齐的五颜六色的风筝忽而错落分散，人人踌躇满志地你追我赶。其中就连年逾 70 的风冲者也充满着豪情壮志，在浩荡的队伍中，锐气不减地驰向单孔浪点，踏过一浪又一浪，征服着咆哮的海浪。

坦克象龟，给予生命一次拉风体验

如果一定要选一个吉祥物当作毛里求斯的国宝，那么一定是象龟。毛里求斯的象龟跟他的名字一样大气，它们的体重一般超过 250 千克，最重的可达 400 千克，身长一米以上，远看像一辆青黑色的坦克。这些“坦克”每天最重要的事情就是吃饭和睡觉。白天，只能看见零星的几只象龟在沙滩上懒洋洋地“散步”或是一动不动，然而到了晚上，象龟们成群结队地爬向海岸周围的灌木丛里“用餐”。每年五六月间，象龟则会交配产蛋，当“大腹便便”的雌象龟在沙滩上产下一颗颗硕大的白色龟蛋后，它们则会极尽母亲的温柔，小心翼翼地用沙将蛋盖好，然后慢慢地离开。

别看象龟如此庞大，它们的性格却非常温和，似乎从来不会发脾气。假若你玩累了，还可坐在它那像石头一样又宽又硬的背壳上休息，并让它驼你一程。不少游客都以能骑着这种坦克象龟在海岛上巡游，而无比兴奋和自豪，连看的人都觉得它们拉风至极。只是，平日很难在海滩边遇见它们的身影，然而，毛里求斯海岛南部鳄鱼公园便能提供机会让你也拉风一次，骑在象龟背上，让它驼着你在公园里慢走，惬意欣赏公园“美景”。

身材魁梧的象龟，天生的好脾气，优哉悠哉地驮着游客四处“散步”。

住宿

· **Club Med Villas d'Albion（地中海俱乐部）**

地址：Avenue du Club Med，Albion 742CU001 Mauritius。

酒店大堂布置得很漂亮，色彩很丰富，CI的柜台区域的墙壁是粉色，蓝色的沙发，棕色的挂饰装饰，会感到家的温馨，另外，酒店拥有两处海滩，上面搭造了天然木质设备，设有淋浴设备、长式躺椅和遮阳伞。

· **Le Meridien Ile Maurice（艾美酒店）**

地址：Village Hall Lane，Petite Pointe aux Piments，Mauritius Island，Mauritius。

艾美酒店距离毛里求斯国际机场大约 60 公里，至毛里求斯中心、首都路易港仅 15 公里，这里是商业、娱乐及购物的所在位置。提供出租车、轿车和豪华巴士服务，租车及直升机服务都是现成的。

· **Four Seasons at Anahita（阿娜希塔四季酒店）**

地址：Beau Champ Grand River South East。

阿娜希塔四季酒店是毛里求斯一家全新的豪华酒店，是岛上最好的酒店之一。非常适合那些喜欢更多隐私和宁静假日的人，每栋别墅都提供充足的空间和豪华设施，如私人跃入式泳池和露天坐卧两用长椅。

2011 年 7 月初，毛里求斯航空公司开通至中国上海的直航航线。上海因此成为毛里求斯国家航空的第 25 个航点及东亚的第 4 个航点。自此可以选择从上海直飞的航班，也可以选择从香港转机的航班。本地交通为公交车，也可租车或乘出租车。

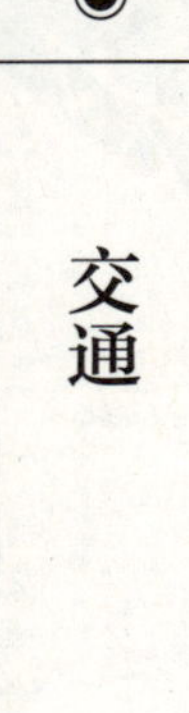

旅游 TIPS

1. 毛里求斯长途巴士运行时间为 6:00—18:30，短途票价为 12~30 卢比（空调巴士是双倍票价）。要记得保留车票，巡警通常会检查。

2. 路易斯港内的餐厅大都在 17:00—18:00 点关门。有些中国餐厅和街上的路边摊会营业较晚。如果想要吃得便宜，可选择在 Poudriere 街上的路边摊大吃一顿。

3. 当地租车一天 2 000 卢比，两天以上 1 700 卢比，送车费 1 000 卢比，注意别被要了高价。

4. 在毛里求斯，10% 的政府税金已包括在住宿和餐饮账单内，旅客如对服务特别满意，可随意给小费。

5. 购物时需要注意的是，毛里求斯主要商场的营业时间，通常是从周一到周六的 9:30 —19:30 ，部分商店会在周日或者公众节假日的上午开放。

桑给巴尔

丁香盛开的伊甸园，在一千零一夜的神话中

桑给巴尔，阿拉伯语中的“黑人海岸”，由桑给巴尔岛、奔巴岛等 20 多个岛屿组成，如一颗颗翠色明珠，洒落在东非坦桑尼亚东部的印度洋海面上，曾一度以活跃的奴隶贸易、优质的异国香料和奢侈阔绰的生活而声名远扬。

经过几百年时间的洗涤，如今，这个无法无天的天堂一切都已平静下来，只有那晨昏交替的朦胧光线中隐现的石头城、那群岛腹地鲜花盛开的香料园、那有着热烈阳光的沙滩……依稀可以瞥见桑给巴尔的昨日种种。

多元文化，收藏在古老石头城

“Jambo！（你好）”，也许这是踏足桑给巴尔听到的第一句话，热情的非洲朋友从不吝啬他们的微笑。如若想要了解桑给巴尔的前世今生，他们也会很乐意为你讲述所知道的一切。

早在 16 世纪前期，葡萄牙殖民者就已占领了桑给巴尔，并成为岛上非洲人、波斯人的统治者。到了 16 世纪中叶，阿拉伯人推翻了葡萄牙人的统治，并建立了苏丹国。时过 200 余年后，桑给巴尔又沦为英国的殖民地……如此复杂的“身世”，令这座城市成为了多个民族的混杂之地，非洲传统黑人文化、伊斯兰文化及印度文化在这里交融汇聚。位于桑给巴尔岛西岸中部，香加尼半岛上的石头城就很好地展现着这一切。

石头城曾是东非的重要贸易中心，香料与奴隶的贸易让石头城空前繁盛，探险者、奴隶贩子、商人均把这里当作战略要地，而他们的故事也早被写进了《一千零一夜》《阿里巴巴

各国奴隶分子和殖民者把非洲大陆上的一批批黑奴当作商品卖给桑给巴尔种植丁香和椰子，这些奴隶雕像，记录着黑奴贸易的罪恶行径。

与四十大盗》的原型，就是石头城。

如今，石头城已成为了世界文化遗产之一。走进石头城，浓郁的异国风情扑面而来，非洲、阿拉伯、印度和欧洲风格的建筑随处可见，无数条狭窄的街道小巷交织在建筑之间，仿佛进入了一座迷宫。高高矗立在石头城入口处的神奇宫是石头城最著名的遗址，它是东非第一座使用电灯和电梯的建筑，由巴哈西苏丹建于 1883 年。乘坐电梯上至神奇宫顶部，依稀能够听见耸立在顶部的钟楼记录光阴时滴答滴答的声音，这声音仿佛来自遥远的过去，让人一时忘记红尘。

经过神奇宫，便进入了居民区。居民区内的街巷曲折幽深，这里没有熙攘的人群，偶尔经过的居民游客漫不经心地与你擦肩而过。门廊边依着的居民悠闲地聊着天，过着简单无虑的生活，各家用非洲红木做的大门在岁月风霜中刻出了一轮轮沧桑，门上精雕细刻的莲花、鱼、乳香等图案还清晰地浮现着昔日居民生活的阔绰。走过居民区，周边遍布的食品小店、纪念品店、水疗服务店、餐厅等又将人从宁静闲适的氛围带入热闹的市场。如果闲步饿了，街边的小饭店或餐厅里用各种香料制作的 Pilau 饭（肉饭）、Ugali 粥、大巴蕉甜点等一定能为你的旅行增加一分美的享受。

丁香，盛开在海上伊甸园

被誉为“丁香岛”的桑给巴尔，在丁香盛开的季节，丁香花开满香料种植园，整座岛都弥漫着丁香的芳香。

坦桑尼亚一半是桑给巴尔，而桑给巴尔处处是香料。桑给巴尔是世界闻名的香料出口大国，被美誉为“芬芳之城”“丁香岛”。这里盛产丁香、肉桂、豆蔻、胡椒、依兰等香料，其中丁香产量占到世界的80%，这不仅为桑给巴尔带来了富庶，也给世界各国的饮食生活带来了源远流长的影响。位于桑给巴尔岛以北的奔巴岛便是香料种植园的所在地，远远望去，葱茏茂密的植被覆盖着层峦叠嶂的小山，数十个香料种植园坐落其间。走进奔巴岛，随处都能看到种植园的指示牌，仅有的一条公路穿岛而过，这里没有人群熙来攘往，偶有载着香料与水果的摩皮卡车缓缓经过，留下一路芬芳……

每到丁香盛开的季节，一簇簇或红或白或紫的丁香花在种植园里先后盛放，如厚厚的地毯铺满香料园，处处弥漫着勾魂夺魄的芳香。走进香料园，整个人便被香气熏得慵懒，恍惚间，如入伊甸园。此间，淳朴的农夫迈着矫健的脚步进入香料园里，小心翼翼地摘下一串串丁香花蕾，轻轻放入篮中，直到夕阳垂暮。游客们总喜欢买一点丁香香料，或许，他们也希望像600多年前从西方远道而来的马可波罗一样，携满袖花香离去吧……

阳光，在帕杰洒下了一抹温柔

桑给巴尔似乎尤为受太阳关注，几乎每天都可在海边享受到至少七小时的日光浴，位于桑给巴尔南部的帕杰海滩就是一处阳光灿烂绝佳之地。帕杰海滩的沙滩狭长，如新月一般包裹着岛屿，碧玉般的海水在阳光照射下闪烁着淡淡绿光，细腻的白色沙滩踩上去如面粉一般柔软舒适。这里虽然度假酒店云集，但人却不多，显得宁静美好，似乎正应了一句话："海岛绝美处，往往收藏在人迹罕至的地方。"

也许正因如此，帕杰海滩的日出，也拥有着别样的吸引力。清晨四五点，天幕还笼罩在一层薄雾之中，随着时间慢慢推移，天际逐渐露出一丝缝隙，从海平面射出的点点橙红色的光，为厚厚的云朵嵌上了一层金边。此时，不妨乘上一艘三角帆船，扬起白色的风帆逐波海面，跟随红光的踪迹，追逐逐渐从海面上升起的太阳。

当阳光逐渐升起，由橙红变为橙黄时，桑给巴尔似乎已经苏醒了。从船上望向陆地，整座城市似乎是由海上升起，一座座教堂的尖顶构成了城市的天际线。斑斑驳驳的石头建筑在阳光的沐浴中，更显古老和沧桑。皮肤黝黑的渔民们开始拉起船帆向大海驶去，一切都笼罩在一片和煦的光芒之中……

阳光眷顾着桑给巴尔，每天都能享受至少七小时的日光浴。帕杰海面日出别样迷人，几乎每日都有帆船扬起风帆迎接新的一天。

· Melia Zanzibar（桑给巴尔美里亚酒店）

地址: P.O. Box 3140 Kiwengwa，坦桑尼亚。

Melia Zanzibar 酒店位于沿海，离桑给巴尔国际机场和石镇（Stone Town）不到 50 分钟车程。拥有印度洋（Indian Ocean）一览无余的美景，设有位于热带棕榈树林、园景花园和带酒吧的无边泳池之间 5 间餐厅和奢华住宿。

· Ocean Paradise Resort （海洋天堂度假酒店）

地 址：Kiwengwa Beach North East Coast Kiwengwa。

这是一家坐落在桑给巴尔岛东北 Kiwengwa 海滩上的五星级度假村。这里有洁白的沙滩、纯净的海水、湛蓝的泳池、美味的餐饮，是观赏野生动物后放松休闲的好住处。

· Ras Nungwi Beach Hotel（拉斯南威海滩酒店）

地 址：Nungwi Peninsular， North Region， None Nungwi。

拉斯南威海滩酒店位于桑给巴尔半岛最北端，俯瞰着白色的沙滩和波光粼粼的印度洋，设有一个郁郁葱葱的热带花园、宽敞的阳光甲板、游泳池和一个 Spa。

ZanAir 航空公司和其对面的 Coastal Aviation 航空公司每日都有航班在查克查克和桑吉巴尔城之间往返，后者可以转机前往达累斯萨拉姆。Coastal Aviation 航空公司每天还有航班往返于奔巴岛和坦噶之间。本地交通主要有自行车、摩托车或小巴士。

交通

旅游 TIPS

1. 当地有 Tigo、Vodacom 和 Zain 电话卡可选，Tigo 的电话卡比较便宜，Vodacom 和 Za n 的价格稍贵，但是信号好。Vodacom 的电话卡，充值 5~10 美元，可以往国内打，每分钟 0.3~0.4 元人民币。Zain 的电话卡，500 先令左右一张。

2.Forex bureaux（汇兑办公室）能提供比银行更为快捷的服务，尽管汇率只存在微不足道的差别，还是 bureaux 通常会提供较高的汇率。

3. 这里所有的酒店都不提供牙膏、牙刷和塑料拖鞋等，需要游客自己准备。

4. 购物时如果使用美元，50 元或以上的美元要 2003 年以后的版本，以前的旧版可能会被拒收。

塞舌尔

鲜为人知的伊甸园，生长着圣果海椰子

在赤道的南端、非洲东部浩瀚的印度洋上，珍珠般散落着 115 座瑰丽岛屿，这就是塞舌尔群岛——拥有全世界最纯净、最优美自然环境的国度，被誉为“地球上最后的伊甸园”。

这座面积仅为 451 平方公里的岛屿，似乎生来就是这么天生丽质，细腻如泥的粉沙滩、妙趣横生的海底世界、象征爱情的海椰圣果、安静祥和的美丽城市……尽管它的名气不如巴厘岛，不如马尔代夫，不如毛里求斯，但只要当你踏足，一定会感受到塞舌尔这份低调的美好。

马埃岛，享受柔美粉沙滩

从高空俯瞰塞舌尔，大大小小的海岛如点点繁星，散落在宽阔的海域之中，其中最大的一颗“星”便是马埃岛。马埃岛位于塞舌尔中部，全境 50% 以上地区被辟为自然保护区，远看仿佛一个巧夺天工的天然雕塑场，奇峰幽谷巍峨多姿，有的似睡狮，有的如奔马，有的像仙鹤……云蒸雾罩的群峰之下草木扶疏，原野葱茏碧透，海滨蓝白交织，处处都呈现出动人的色泽。这其中，位于岛屿北部海滨的博瓦隆海滩，无疑是最绚丽迷人的一隅。

博瓦隆海滩全长 4 公里，是世界排名第三的粉沙滩。蜿蜒的沙滩上，纯净到没有一丝瑕疵的沙子犹如面粉一样细腻，拍打着海岸的湛蓝海水如水晶般透明，而那些许矗立着的巨大花刚岩石，则给柔美的沙滩增加了几分阳刚之气。美丽的沙滩吸引了不少“朝圣者”，精力旺盛的孩子们笨拙地用沙铲，堆砌出一个个自己梦想中的城堡；恋人们或躺在沙滩上晒着日光浴，或半蹲着用树枝在细沙上写着小“秘密”；佝偻着背的老人牵着手在沙滩上漫步。一艘艘渔船从海上缓缓驶过，轻轻地划下一道道水印，仿佛一切都要醉在这粼粼细波之中……

如果想要潜水，博瓦隆海滩的海域也能为你提供最惬意的海底之旅。换上装备，游至距离海滩约10米的水域，一个丰富多彩的海底世界就立刻呈现在眼前：阳光穿过海面，不同种类的鱼群或在五光十色的海水中畅游，或钻进五彩缤纷的珊瑚丛里觅食；斑斓的海星在海底细沙上漫不经心地“步行”；“海底刺客”海胆则在海藻丛生的石缝中栖息……每年的9—11月，鲸鲨会在浅水处出没，你可以在沙滩上远眺它们的身姿，也可以潜入水中，与它们共泳，别看它们一个个都是身长十多米的大家伙，实际上它们的性格很温顺哦。

只生存于塞舌尔群岛的海耶子，因形状酷似人类的性器，因此被当地人称为“性爱圣果”。

普拉兰岛，开启一段寻“宝”之旅

比起马埃岛，位于塞舌尔东北部的普拉兰岛也毫不逊色。普拉兰岛原名“棕榈岛”，是塞舌尔的第二大岛，远看像是一位身着绿色披纱的娇俏女郎，妖娆地斜躺在海面上。棕榈岛拥有着全世界最小的自然遗产——面积仅0.195平方公里的五月谷。走进五月谷，仿佛闯入了天堂的后花园，天然生长的林木交错幽深，仿佛是纠缠了千年的恋人；阳光从枝叶间洒下来，在林间小径上投下星星点点的光斑；鸟儿在树梢上婉转鸣叫，不时从树干后面探出头来的可爱小蜥蜴，瑟瑟缩缩地一走一停；不知名的小花伴着潺潺溪流，烂漫地盛开在路边……漫步谷中，有一种“蝉噪林逾静，鸟鸣山更幽”的绝世之感。

谷中有一种名叫“Latanyen Lat”的奇特树木，和普通的树木不一样，这种树木的树干悬空大约有1米高，由无数突出地面的根茎支撑着，根茎呈放射状斜插入土壤中，密密地交织着，仿佛一条厚厚的筒裙。凭着这项能力，Latanyen Lat甚至可以在溪流中生长。除了Latanyen Lat，黑鹦鹉也是五月谷的明星。黑鹦鹉是一种濒临灭绝的鸟类，目前仅存300多只，是塞舌尔的国鸟，通体咖啡色，叫声极为动听。黑鹦鹉通常只在傍晚和清晨觅食，如果你想一饱眼福，那么就吹起口哨吧，它们对口哨声非常敏感。

除了幽静的山谷和奇特的动植物，近距离目睹海椰子树才是此行的终极目的。海椰子树是世界三大珍稀植物之一，只生存于塞舌尔群岛，总计8 200棵，其中7 000多颗生长于五月谷。海椰子树是一种颇富神秘色彩的树种，它雌雄异株，一高一低相对而立，合抱或并排生长。如果雌雄中的任何一株被砍，另一株则会随之“殉情”而死，因此人们称之为“爱情之树”。更神奇的是，雌雄异株的海椰子树，结下的果实也有雌雄之分。雌的果实呈椭圆状，近似女人的臀部，雄的果实呈棒状，形似男人的生殖器。因此，当地人也称海椰子为“性爱圣果”。难怪殖民时期的英国将军查尔斯·戈登曾说：“如果有任何树能够激发人类对肉欲的好奇，无疑就是海椰子了。”

维多利亚，袖珍首都的简静生活

欣赏完塞舌尔的原始风光，不妨再走进首都维多利亚，感受一下悠闲而迷人的城市生活。

维多利亚位于塞舌尔东北角，是塞舌尔唯一的城市和港口。虽然居住着全国近一半的人口，但其面积却是非洲最小的。这里没有繁华宏伟的高楼大厦，没有铺满街道的咖啡馆和喧嚣的酒吧，也没有熙来攘往的人群，安静就是它的全部：一幢幢简约典雅的乳白色小楼掩映在绿树繁花中，远看仿若片片白花，在繁茂的绿叶间盛开；一条条街道在建筑之间蜿蜒，干净而整洁；一簇簇五颜六色的野花点缀在街头巷尾，仿佛是画家无意洒落的点点彩墨……漫步其中，清新的栀子花香气弥漫而来；屋檐下伸着懒腰的肥猫眯缝着双眼，对周围一切爱理不理；海湾里，古典的帆船在海面来回穿梭，偶有三五人群惬意地在码头闲坐聊天……慵懒闲适就是这座城市的常态。当你花上一小时逛完整个城市，还会更加惊异地发现，全城只有一个汽车站、一个邮局、一座电影院、一组红绿灯……试想，还有哪座首都会比这里更纯粹、简单？

为了纪念对塞舌尔拥有长达 63 年统治权并于 1901 年去世的维多利亚女王，特地制造了这个时钟。

几百年来，维多利亚的生活旋律一直不曾改变，不可模仿的神韵也没有随岁月变迁而被消磨。不过，维多利亚也有热闹的时候，每年 9–10 月的周末，小城会特地为外地游客举办拉伯瑞市场节。节日期间，城内各家商铺开始大量储备各种瓜果蔬菜，并准备当地的美食，以便招待登门而来游览参观的客人。塞舌尔人只想要简单的生活，但对于来自全世界的朋友，热情就是他们最好的见面礼。

· Raffles Praslin Seychelles（普拉兰岛莱福士酒店）

地址：Anse Takamaka Praslin Island。

酒店位于 takamaka 海滩，拥有清澈的海水，可以欣赏周围的景致。酒店提供一对一服务，可以乘坐酒店的车到安硕拉齐奥、津巴布韦的海拔最高点等景点玩耍，还可以租借酒店的小船在金海处游玩。

· Kempinski Seychelles Resort（塞舌尔凯宾斯基酒店）

地址：Baie Lazare Mahe Seychelles。

塞舌尔凯宾斯基酒店是园林设计的酒店，一边面向大花园，一边面向沙滩海岸，使游客们仿佛置身两个世界，十分奇妙。酒店内也有私人海滩和泳池，有免费的浴巾提供，还可租借小船和浮潜装备。

· Banyan Tree Seychelles（塞舌尔悦榕庄度假村）

地址：Anse Intendance，Mah é 。

如果想享受最好的海滩美景，塞舌尔悦榕庄度假村将是最好的选择。酒店拥有坐落在沙滩边和坐落在半山的不同的别墅可供选择，所有的房间均配套有泳池、花园和露台以及美轮美奂的无边泳池。

从中国前往塞舌尔需要转机，通常航班路线为：北京—香港—毛里求斯—塞舌尔、北京—新加坡—塞舌尔、北京—多哈—塞舌尔、北京—迪拜—塞舌尔。

塞舌尔本地交通主要为公交车、出租车、船、自行车等，也可以租车自行游览。塞舌尔的阿维斯、欧罗卡和赫茨等 30 多家租车公司，可以提供各种旅游用车。

交通

旅游 TIPS

1. 在塞舌尔国内的小型飞机一般可乘 9~20 人，目前有 10 多个小岛通航，以马埃岛为中心，往来于各个小岛之间。

2. 塞舌尔的出租车按行车里程数确定费用。费用一般为 250~500 卢比。

3. 塞舌尔人环保意识极强。每砍一棵树都要报环境部审批。在海洋公园海域，为了保护热带鱼类，不但禁止捕鱼，当地人还通常会劝阻游客拾捡贝壳。

4. 到塞舌尔旅游，最好在旱季去（4—9 月），此时温度适中，不会下大雨，可以充分享受阳光、沙滩，但也要注意防晒。

5. 塞舌尔生产的香料很出名，如肉桂、薄荷、香草等，还有椰子、茶叶都是出口产品，不妨到市中心杂货市场淘宝一些。

6. 海椰子想要带走，必须通过正规渠道购买，不能自己私摘，这是犯法行为。

马达加斯加

世界第四大岛，狐猴最后的避难所

似乎是上帝刻意在印度洋西南部遗留下了一处秘境，那里浓云缭绕雪山、祥气笼罩溪涧，鸟儿在丛林间鸣啭、牛羊在山谷中徜徉……那就是世界第四大岛——拥有 587 041 平方公里国土面积的马达加斯加。

大多数人对马达加斯加的印象来源于梦工厂的动画片《马达加斯加》，但当你踏足这座人间仙境你会发现，原来它的美还并不止于此。猴面包树大道上，夕阳也每天来此观景；古灵精怪的狐猴“翩翩起舞”逗乐着人群，变色龙在不同场合展现着娇艳与美丽；山背上的古老城池在蓝天里、阳光下熠熠生辉……丰富多样的马达加斯加世界，静静地在地球的彼端，等着你的探寻。

神奇“胖子”树，每日静看云霞落日

虽然马达加斯加的土地稍显贫瘠，但只要你踏足岛屿，它依然会带给你满眼奇趣——位于马达加斯加西部的穆隆达瓦“猴面包树大道”，便是其中一景。猴面包树是地球上古老而独特的树种之一，它适应着这个地球最严峻的环境并且将种子散播到世界各地，在漫长的进化过程中，猴面包树能渐渐分化成酒瓶树、非洲猴面包树、格兰迪迪尔猴面包树、皮埃尔猴面包树、芬妮猴面包树等 8 个独立的物种，其中的 7 种都是马达加斯加所独有。大多数猴面包树通体树干高不过 20 米左右，而胸径却往往超过 15 米，需要十几个成年人手拉手才能将之合抱，树冠直径可达 50 米以上。整体看上去高大肥壮，仿佛一个大胖子。因此当地人又称它为“大胖子树”“树中之象”。不仅如此，猴面包树的果实也是猴子和大象所喜欢的美味，其名“猴面包树”

树干粗壮、枝叶细密的猴面包树是一种极其耐旱的植物；全世界有 8 种面包树，其中的 7 种为马达加斯加独有。

便由此而来。猴面包树最大的特色便是耐旱，每到雨季世界，猴面包树根系就会吸收大量水分，储存在粗大的树干里。对于非洲旅行的徒步者而言，看到了猴面包树，就算找到了水源，在树干上挖一个小洞，便会流出一股清流。也因此，猴面包树又被视作“生命之树”。

踏上猴面包树大道，如若庞然大物的猴面包树成片地生长在大道两侧，树顶端细细的茂密枝叶，朝着统一的方向分散开来，像是一抹微云停留在一根根扭曲而臃肿的大柱子上，走入其中，会让人产生顿入另外一个世界的奇妙感受。猴面包树大道上最神奇的，莫过于“情人猴面包树”，两棵猴面包树将粗壮的树干缠绵拥抱在一起向天伸展，恰似一对紧紧相拥的情侣，也因此，在情人猴面包树下，常常有不少不惜千里迢迢奔赴而来的情人在此携手许愿、共诉衷肠。每当落日西沉，暮色渐起，路上的行人少了，唯有猴面包树依然故我地守候着这片宁静的土地，静看余晖渐渐消失在黑色的天幕里。

跟着狐猴快乐起舞，看七彩变色龙换装

时间回溯到 6 500 万年前，一颗小行星坠落到了今天墨西哥尤卡坦半岛，剧烈的撞击让整个地球陷入火海，绝大多数物种在这场灾难中灭绝，其中就包括恐龙。而孤悬印度洋的马达

加斯加，因为正好背离撞击点而受损最小，逃过了这场浩劫，那些在其他地方早已灭绝的生物，马达加斯加成为了它们最后的避难所，这其中就包括狐猴。

马达加斯加的动物占全世界所有动物种类的5%，而狐猴享有最高的知名度。目前，它们仅生活在首都塔那那利佛以东140公里的阿纳拉马扎卓保护区。狐猴的体态、四肢都像极了原始的猴子，但是它们却长着像狗一样的脸，像猫一样精明有神的圆溜溜的大眼睛，像狐狸一样的毛茸茸的大尾巴，显得狡黠而天真可爱。

清晨，阳光穿过弥漫在森林中轻纱一般的薄雾，一群群狐猴在林中嬉闹着，身手敏捷的它们忽而从地面蹿上树梢，忽而又跳跃到另一棵树上，有的则较为温驯地攀附在树干上睁着晶亮的双眼看着外来游客，也有一家子三四只狐猴亲密无间地坐在一起晒着太阳，小狐猴则接受着妈妈梳理毛发的爱抚。最有趣的则是狐猴们跳舞，狐猴伸开上臂保持身体平衡，一边利用有力的后腿轻快地弹跳起来，在空中摆出各种类似于劲舞的姿势，一边甩动着长长的后尾，不时还探着个脑袋，左右巡视着什么，令人忍俊不禁，产生与之共舞的小冲动。

在马达加斯加这座动物王国，最为“善变”的则要数豹纹变色龙了。豹纹变色龙是世界上最美丽和颜色鲜艳的变色龙之一，它们的身体颜色主要为淡蓝色至绿蓝色，通体有一条白色的横纹，并且有着垂直的或红或蓝或紫或混色的间纹。绚丽多彩的肤色使得豹纹变色龙还拥有一个美名——“爬行彩虹”。随着环境或心情的变化，它的肤色也会随之改变，通常情况下，在平静的状态下是一身绚烂的七彩；遇到敌人，心情变得激动时则变成橙黄；求爱时那一身鲜艳的色彩会慢慢变淡；当他们爬行在绿树间，仿佛一片裹卷的绿叶；身在红花丛中时，则又换上一身鲜艳的红装……若要亲眼目睹出没在马达加斯东北部马苏阿拉半岛的豹纹变色龙，则能为你呈上一段丰富多彩的换装表演，来此时一定不要错过。

狐猴有晒太阳的习惯，它们晒太阳的姿势在人类看来犹如朝拜太阳，所以有着“朝拜太阳的猴子”的外号。

建在山脊上的首都塔那那利佛，随山势而起伏，五颜六色的建筑层叠错落。

山脊上的首都，拥有别样的美

除了奇特的自然风光和可爱的濒危动物，马达加斯加还有着美丽的人文风光，美丽的首都塔那那利佛，便是不可错过的地方之一。塔那那利佛坐落在马达加斯加中部高原、一个长约 4 千米的马蹄形山脊上，海拔 1 300~1 400 米，有着“千人勇士之城”之称。整座城随山势而起伏，一排排五颜六色的建筑物从山脚到山顶层层叠叠，既宏伟壮观，又壁垒森严，无论从哪个方向远眺，都呈现出独特的立体美。尤其是当落日余晖笼罩着这座城市时，一座座房屋在那昏黄的色调中勾出的轮廓，仿佛是一幅色彩缤纷的彩墨画，三千世界，想是再也找不到哪一座城市能如此令人赏心悦目。

塔那那利佛的美丽是迷人的，大抵是因为这份美丽历经了岁月的洗礼。早在 1625 年，安德里安贾卡王建立了塔那那利佛，此后的很长一段时间，都作为霍瓦人酋长的主要村庄而存在。18 世纪，随着马达加斯加王国领土的扩大，塔那那利佛也随之扩建，到了 19 世纪末，塔那那利佛成为了法国的殖民地，并被增建了道路和建筑，进而发展为了一座混搭了欧、亚、非三大洲风格的城市，城内高耸的教堂尖塔、红瓦盖顶的民居和石板铺砌的街道遍处皆是。

如今，马达加斯加早已独立，并且为了纪念民族的独立，马达加斯加人民创办了传统集市——“佐马”。佐马又称“星期五集市”，设立在城中心一条宽阔平直、名为“独立大街”的广场上。每到周五，市场上商人云集，各种水果、蔬菜、家禽及农产品纷纷上市，可谓应有尽有。街头商店、店铺比比皆是，石头工艺品、饲料制品和矿石标本等琳琅满目，而这里也成为了各国游客来塔那那利佛的主要目的——不为别的，只为一睹这番全市最繁华热闹的盛景。

住宿

· Ibis Antananarivo Ankorondrano （宜必思塔那那利佛安科罗德拉诺酒店）

地址：Route Des Hydrocarbures，529 塔那那利佛。

该酒店坐落在 Ankorodrano 的商业区中心地带，距离著名的独立大道仅有 10 分钟路程，提供一个俯瞰室外游泳池的露台。每间客房都提供带淋浴和卫生间的私人浴室。

· Hotel du Louvre

地址：Hotel Du Louvre，Isoraka，Tananarive，Madagascar。

Hotel du Louvre 治安良好，房间本身也很好，WiFi 强大可下载影片，早餐卫生丰富，就餐环境很理想，地理位置好，旁边就是总统府，几乎所有高档餐厅、珠宝店、企事业单位，都集中在这周围。

· Maison Gallieni

地址：Maison de Produit，Boulevard Pierre Rajaonah，Tsaralalana，Antananarivo，Madagasikara。

Maison Gallieni 这是一座已经超过 100 年历史的老建筑了，砖瓦木结构，内部清新雅致，包含图书室、泳池，在这里可以得到真正的放松，最好的事情就是每天清晨坐在床边看着外面。

现在广州有直飞马达加斯加首都的航班，也可选择经香港—毛里求斯或泰国线到马达加斯加。马达加斯加共有两家航空公司，拥有大小飞机 36 架，有定期航班飞往欧洲、非洲和西南印度洋诸岛国。本地交通主要为小巴、中巴、出租车，也可租车自行驾驶。

交通

旅游 TIPS

1. 马达加斯加乡村地区的用电还不普遍，对外出时间较长或到偏远地区的游客一定要配好备用电池。

2. 在马达加斯加消费有给小费的习惯，尤其是在酒店和餐厅消费，至于金额则无须很多，一般餐厅就餐，1~3 元人民币即可。

3. 银行一般周一至周五早上 9:00—16:30 营业，周六周日休息，如果是法定节假日，银行也不营业。

4. 根据现行法律，普通游客只允许在申报情况下个人最多携带不超过 250 克的宝石（含加工首饰）以及 2 千克加工好的香草出境，如果超过此限制，就要面临走私的起诉和罚款的风险。

5. 马达加斯加常年所需的着装以夏装为主，若是旱季来旅游时，因为早晚温差较大，夹克、风衣以及毛衣也是必备的。